我要做一把不生锈的锄头

紫图图书 出品

不生锈的人生

102岁的哲代奶奶从不内耗

[日] 石井哲代 日本中国新闻社 著

王健波 张晶 译

北京日报出版社

图书在版编目（CIP）数据

不生锈的人生：102岁的哲代奶奶从不内耗/（日）石井哲代，日本中国新闻社著；王健波，张晶译. —北京：北京日报出版社，2025.5. — ISBN 978-7-5477-4574-8

Ⅰ.B821-49

中国国家版本馆CIP数据核字第2025T9M057号

北京版权保护中心外国图书合同登记号：01-2025-1536

102-SAI HITORIGURASHI. Tetsuyo Obaachan no Kokoro mo Karada mo Sabinai Ikikata by ISHII Tetsuyo, The Chugoku Shimbun
Copyright © 2023 ISHII Tetsuyo, The Chugoku Shimbun
All rights reserved.
Original Japanese edition published by Bungeishunju Ltd., in 2023.
Chinese (in simplified character only) translation rights in PRC reserved by Beijing Zito Books Co., Ltd. under the license granted by ISHII Tetsuyo and The Chugoku Shimbun, Japan arranged with Bungeishunju Ltd., Japan through Shinwon Agency Co., Korea.
写真摄影：玲中直美、木之元阳子、井上贵博（封面、p001、p05、p139、p141、p142、p148）、尾道市立总合医疗中心公立御调综合医院提供（p55、p56、p129）
装帧：大久保明

不生锈的人生：102岁的哲代奶奶从不内耗

责任编辑：	秦　姚
监　　制：	黄　利　万　夏
营销支持：	曹莉丽
特约编辑：	曹莉丽
版权支持：	王福娇
装帧设计：	紫图图书ZITO®
出版发行：	北京日报出版社
地　　址：	北京市东城区东单三条8-16号东方广场东配楼四层
邮　　编：	100005
电　　话：	发行部：(010) 65255876 总编室：(010) 65252135
印　　刷：	艺堂印刷（天津）有限公司
经　　销：	各地新华书店
版　　次：	2025年5月第1版 2025年5月第1次印刷
开　　本：	787毫米×1092毫米　1/32
印　　张：	6
字　　数：	96千字
定　　价：	59.90元

版权所有，侵权必究，未经许可，不得转载

每天都要哄自己开心呀

序言
PREFACE

啊,真舒服。我刚从午睡中醒来。从早上就到田里干活儿,吃完午饭,睡了一会儿。我独自一人生活,无须顾虑他人,悠然自得。经常有人问我,晚上睡得好不好?其实,不用担心。我只要一躺到床上,就能酣然入梦。

趁着头脑清醒,我介绍一下自己。我叫石井哲代,今年(本书中的"今年"指2022年)已经102岁了。小时候,我以为只有童话故事里的老奶奶才能活到100岁,没想到我竟然超过了这个年纪,连我自己都感到惊讶。

我住在广岛县尾道市的山间小镇,自26岁嫁到这里,一边在自家的田地里帮忙,一边当小学老师,直到56岁。我和丈夫没有孩子,20年前他去世后,我一直独自生活。

照看菜园,和邻居聊天,这就是我的日常。

100岁那年,我的生活突然变得忙碌起来。当地的《中国新闻》[1]报开始以连载的形式介绍我的日常生活。菜园里的大萝卜长势喜人,或我在新年吃了3块年糕,《中国新闻》报把这样的琐事都写进文章里,后来收到了许多读者来信,他们在信中抒发感想,表示鼓励。

更令人惊讶的是,这些文章竟然能集结成书。哇,我真是太开心了,简直难以用语言形容。我能活到这个年纪已经很幸福了,还奢求什么呢?

年纪大了,做不到的事情越来越多,有时候心情也会沮丧。但是,抱怨没有用,我成为激励自己的专家,每天都能保持心情愉悦。虽然我无法改变别人,但至少可以掌控自己。这本书收集了我的自言自语。我相信我的丈夫在另一个世界读到这本书,也会非常开心。

---

[1] 中国新闻社(报纸为《中国新闻》)1892年于日本广岛市创立并发行报纸。此处的"中国"为日本的一个区域概念,位于日本本州岛西部,由鸟取县、岛根县、冈山县、广岛县、山口县5个县组成。——本书脚注均为译注

哲代奶奶
—— 是怎样的人?

在哪里出生

1920年出生于广岛县府中市上下町。

从事什么职业

20岁成为小学教师,56岁退休后在田间干活儿,邻居们至今仍然称我为"老师"。

什么时候结婚的

26岁时嫁给同为小学教师的良英先生,搬到尾道市美之乡町。我们没有孩子,丈夫83岁去世后我一直独居。侄女、邻居和学生们经常来看我。

身高、体重是多少

150厘米(现在可能变矮了一点儿),45公斤。

鞋码是多少

22.5 厘米。

住在什么样的房子里

能从照片上看出来吗？位于长长的坡道的尽头那座两层的日式房屋。一进门就是厨房，没有铺地板，我经常在那里和邻居聊天。我有三片水田，但是一个人种水稻太辛苦，现在已经转给熟人了。我在一个小菜园里种一点儿蔬菜。

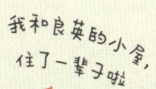

我和良英的小屋，住了一辈子啦。

喜欢的茶饮

热的日本茶。

喜欢的食物

我爱吃肉,也爱吃拉面,什么都喜欢,要选一个最喜欢的食物太难了。如果给最喜欢的食物排名次,感觉对不起食物,可能因为我是在食物匮乏的年代长大的吧。

养动物吗

养过鸡,养了很多年,数量在4只左右。它们的名字都叫"小蔻蔻",每天早上都下蛋。直到两三年前,它们被鼬鼠盯上了,无一幸免。我感到非常难过,从那以后我再没有养动物。

有兄弟姐妹吗

我们兄弟姊妹4个。哥哥刚民、弟弟悟示、妹妹桃代。哥哥和弟弟都去世了,妹妹桃代现在95岁,住在神户。

爱车

红色的铃木电动老年代步车,89岁那年买的。

特长

吃、聊天。在地里拔草,我是"专家"。

座右铭

我要做一把不生锈的锄头。

在菜园里种些什么

我一年四季都会种蔬菜,不一定种什么。粗略地数了一下,我种过 21 种蔬菜,也会种供佛或扫墓时用的花。

活到百岁的日常小欢喜

我有几个习惯，让我能够舒适地度过每一天。我重复着这些习惯，不厌其烦，乐在其中，就这样活到这么大年纪。我将特别珍视的 8 个习惯介绍给大家。

1. 被褥叠好，心也整整齐齐的

我每天早上六点半左右起床。从 2020 年夏天开始，我租了护理床。虽然现在在床上睡觉，但是我仍然保持着和以前睡榻榻米时同样的习惯。起床后，我会把被子叠好，收进走廊的柜子里。这就是我早上起来做的第一件事。我觉得，早上能醒过来，把被褥收好，是一件很幸福的事。

天冷的时候，我会铺褥子，盖三张毛毯。羽绒被虽然又轻又暖，但是占地方，所以我宁愿多盖几层毛毯。这样一来，即使到我这样的年纪，也可以轻松地取放。无非是分成几次拿，来回多走几步路罢了。我就当是锻炼身体，省得特意去健身房了。

整理被褥
当成锻炼身体

必备的食物
味噌汤

2. 味噌汤每天都在说:"早安,今天也很好喝"

自从 26 岁嫁到这里以来,我每天早上都会做味噌汤。用沙丁鱼干熬出汤汁;沙丁鱼去头以后,可以放在汤里吃掉;它还可以和撕成小片的青菜、茄子一起炒,或者和萝卜一起烧,可以说是万能食材。我家的动物性食品就只有沙丁鱼干。它是我的必备食物。我早饭必不可少的三样东西就是味噌汤、米饭和咸菜。

3. 每一口都吃得满足，是活着的秘诀

我从小就不挑食，而且饭量大。一日三餐经常炒蔬菜，炒的菜都是菜园里种的。米饭一次能吃两碗。什锦寿司饭能吃一大盘。为了表示对食物的尊敬，即使饭桌上只有我一个人，我也会说"我开动了""谢谢款待"。下午3点钟左右我会泡一杯热茶，吃一些点心。这时候我也会自言自语："下午茶时间到了哦。"说完，心情也会不由得高兴起来。

今天第一次吃汉堡包。很好吃。到我这个年纪，还是吃什么都觉得好吃，这要感谢我嘴边的这颗痣。小时候，大人曾经告诉我，这叫"富贵痣"，不愁没有饭吃。这是我的宝贝。

下午茶时间到了哦

4. 草拔干净了，心情也亮堂了

天气好的时候，我一般会在房子周围或菜园里拔草。如果杂草丛生，房子和菜园就会显得荒凉。

我的婆婆生前一有空就去除草，连房子前面的路边和石墙的缝隙都不放过。也许是因为她给我做了示范，不知从什么时候开始，我也变得没有办法任由杂草疯长。草拔干净了，心情也会变得舒畅起来。

直到四五年以前，我还会在每年元旦这天，提着锄头去菜园。我会向锄头和菜园致以新年的问候："请多关照。"祈祷今年也能保持身体健康，有力气干活儿。最近没再做这样的事了。天气太冷了。

5. 剩下的，也能变得有用

我会把橘子皮、丢弃不用的菜叶放进肥料袋做堆肥。婆婆曾经教我："除了石头和金属以外的东西，都可以埋进土里做肥料。"从那以后，我一直保持着这个习惯。

除了石头和金属以外的东西，都可以埋进土里做肥料

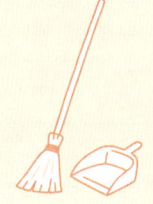

　　能回归土壤的东西，全部让它回归土壤。我家院子里也摆着肥料袋，收集拔除的杂草和落叶。一年大约能收集60袋。稻子收割以后，就把这些肥料混进土壤里。这样一来，垃圾的量就会大大减少。

把橘子皮、菜叶放进肥料袋做堆肥

6. 忙一点，心就不会生锈

　　从很久以前开始，我就时不时地做夹在报纸里的健脑传单上的谜题。因为我想多做几次，所以总是把答案写在另外的纸上。目前我基本能得 100 分。今天我也要挑战一下。

一转头我就能看见良英的照片

7. 和他说"晚安",就不算孤单

我的丈夫良英去世20年了,但是我仍然把他的照片摆在枕边。我把床边柜子的抽屉稍微拉出一点儿,把照片立在上面,这样我们的视线就能对上。我总觉得他在看我。大概他也会夸我:"干得不错!"

睡前,我会对他说"晚安",仿佛他仍然在我身边一般,让我有所依靠。每天早晚共两次,我会倒两杯日本酒,供在他的灵位前。供完的酒我会一饮而尽。我酒量还不错。

8.让身体松一松,心也软下来一点

想起来的时候,我会做柔软体操。我用腿用得比别人多,但是它依然灵活。我想对它说声"谢谢"。我坐着伸直双腿,身体前屈,头可以贴在腿上。我还会做分腿或站立前屈,然后把双臂向上伸直,大幅度地旋转上半身。拉伸身体的各个关节以后,感觉很舒服。

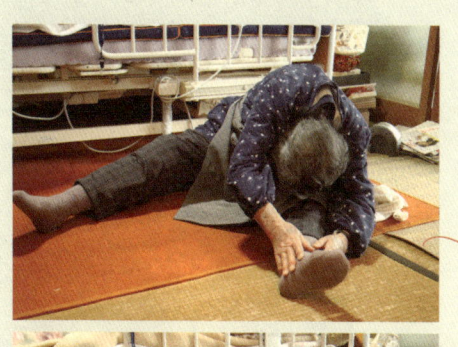

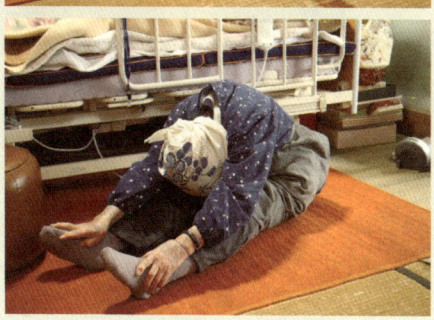

拉伸身体的各个关节以后,感觉很舒服

目录

序言

每天都要哄自己开心呀	·01
哲代奶奶是怎样的人？	·04
活到百岁的日常小欢喜	·08

第一章

100 岁到 101 岁 "今天也是好日子"

2020 年

10月	我要做一把不生锈的锄头	·002
11月	忙一点，心就亮起来了	·012
12月	苦难不会白来，它会在某一天花开	·024

2021 年

2月	今天努力,明天就会闪闪发亮	·034
3月	活着,不如活明白	·044
4月	带着笑意,把病也吓跑了	·052
5月	换个心情,世界也会不一样	·062
6月	一个人,也可以很热闹	·072
10月	一起种菜,也是人生的缘分	·076
11月	就算说再见,也要笑着挥手	·083
12月	记住你的人,就证明你活得真好	·092

第二章

哲代奶奶答读者问

·101

第三章

102 岁 我有我自己的精彩

2022 年

2月　少吃一点，轻快一点，心情也跟着亮堂了　·128

3月　有人在意你，就是一种很暖的春天　·130

4月　顺着年龄活，心才不会拧巴　·138

6月　不照别人的剧本走，我有我自己的精彩　·143

吃得香，笑得多，日子就长长的

·152

后记

百岁奶奶，不只是长寿，更是活得漂亮　·161

哲代奶奶 2023 年的愿望

·165

不生锈的锄头 寿兼弥 一把

100岁到101岁 『今天也是好日子』

CHAPTER ONE 1

活着啊，
就是要把每口热乎气儿
都咂摸出甜味

哲代奶奶每天晚上都会写日记，已经坚持了30多年。她说：『即使有烦恼，只要把它写进日记，心情就会变得舒畅。』本章就以日记形式，呈现哲代奶奶的日常生活。

2020年10月

我要做一把不生锈的锄头

今天在菜园里拔波斯菊。它们竟然长得比我还高,肯定是抢了我给蚕豆施的肥料,不会错的。真是太可恶了,完全颠覆了波斯菊可爱的形象。

世利子(兼久世利子,67岁,附近的朋友)送给我的绿叶菜种子在菜园里发芽了。谢谢她。我会好好把它们养大。

6日

做了柏饼[1]。往常是每年5月做,但今年因为脚上的皮肤感染严重,正好在那段时间住院一个月左右。我一直惦记着院子里茂盛的槲叶,不止一次对世利子说:"有不少好槲叶呢。"她就提议做柏饼。嘻嘻。

用双手轻轻地把豆沙馅儿搓圆,包进饼皮,裹上洗干净的槲叶,蒸熟。做出的柏饼不软不硬,非常棒。我们一边聊天,一边做,特别开心。

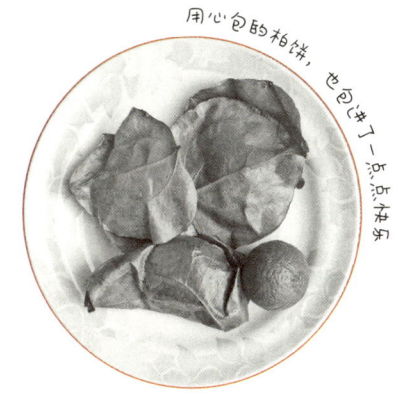

用心包的柏饼,也包进了一点点快乐

---

1 日本人端午节吃的点心,也叫槲叶糕。

13日

　　住在附近的直江（横山直江，72岁，良英哥哥的三女儿）陪着我去农协[1]取钱。这是我第一次用卡取钱。心怦怦直跳，直到现在手还在发抖。用卡是很方便，但是我有点难过。往常我都是在柜台办业务，我会对那些工作人员说"谢谢""再见，再见"，然后回家。可是现在，一个人都没有。钱唰的一下取出来，毫不费力，然后我就可以像个傻瓜一样回家了。真不讨人喜欢。我喜欢和人聊天，没有人说话，我会觉得难过。对我来说，和人说话就是活力的来源。

1　日本农业协同组合，简称农协。日本最具影响力的农民互助合作组织，覆盖农业生产、销售、金融、保险等多个领域。

和侄女直江的合照

吃了松茸，又多活了75天，赚到了

直江送来了栗子松茸饭。大块的松茸满满地盖在米饭上，一看就很好吃。这顿饭真是太丰盛了。据说，吃了头茬松茸可以多活75天。今天吃了松茸，寿命又延长了75天，真是想不长寿都难。

17日

晒柿饼。菜园里的柿子树结了果子，硕果累累，但我只摘了伸手就能够到的6个。今年摘得不多，准备在新年的时候用作供品。

今年柿子甜，
晒成饼留着过年

19日

　　天气好的时候，我就去菜园除草。我会用我的宝贝"三齿叉锄"松土。这把锄头已经用了将近半个世纪，齿尖都磨秃、变圆了，但依然好用。

　　我的手也和锄头一样，用了这么多年，手都变弯了。但是，我从年轻时起，就一直想："我要做一把不生锈的锄头。"如果无所事事，人也会生锈。身体、头脑和感觉，只要一直使用，就不会生锈。对我来说，锄头是我一生的宝贝。

　　很多人说，上了年纪以后，一天的时间会很漫长，但我觉得，一天转瞬即逝。早饭做味噌汤，去菜园和杂草"搏斗"，每晚写日记，收到礼物还要写感谢信，内衣和袜子分开清洗……这样的生活也许在旁人看来理所当然，但是我却始终心怀感激。哪怕是微不足道的小事，也能令我感到喜悦。这样一来，无论是身体，还是心理，都能得到充分锻炼，所以我晚上睡得很香，一觉睡到天亮。

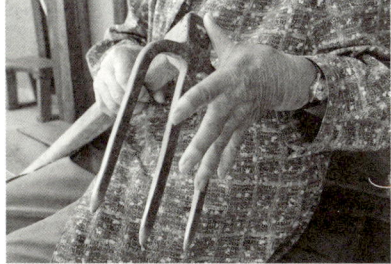

我的宝贝
"三齿叉锄"

我的锄头老了，
但依然好用

21日

今天是丈夫的忌日。我和良英可以说是自由恋爱而结婚。他热爱工作,性格豪爽,是深受孩子和家长爱戴的老师。我每天早晚都会祭拜他的灵位。早上只是简单地合掌。但是到了晚上,我就会大声地诵经。我的声音很洪亮,如果不用起来,就太可惜了。

诵经其实也是我的婆婆以前做过的事。丈夫和公公习惯在晚饭时喝酒,只有婆婆一个人大声地诵经。婆婆去世后,我就把这个习惯延续了下来。虽然也有想偷懒的时候,但是想到列祖列宗在那儿等着,所以哪怕时间短些,我也会坚持祭拜。

想念你,就多念一声佛号

2020 年 11 月

忙一点，心就亮起来了

1 日

  我每天都要在这段斜坡上来回走好几趟。下坡的时候，我会把锄头当作拐杖，慢慢地倒着走。因为我的小腿使不上力气，我害怕朝前摔倒。脚疼的时候，我会走得更加专注，数自己走的步数。下这个坡需要 50 多步。我会把这当作锻炼身体。这段斜坡就是我健康状况的晴雨表。只要我还能走完这一段路，就说明身体没问题。我每天都要

人生也是这样，
回头看看才懂得珍惜

和这斜坡一较高下，并且乐在其中。托这斜坡的福，我的身心都变得很强壮。我总会给自己加油鼓劲儿。

　　下坡的时候，偶尔路过的邻居会看着我，怕我摔倒。我很感激。

2日

今天下雨了。因为雨水很凉,所以我在家里度过了一天。雨天难免情绪低落。这看上去一直在讴歌人生,但其实,我也有烦恼。我会把烦恼简短地写进日记里,只要写下来,心情就会变得舒畅。人就是要接纳自己啊。

我本以为自己早就看开了,可能也因为没有孩子,随着年龄的增长,我越来越感到不安。遇上这样的雨天,独自一人待在家里,就不由得会想:"人生结束的时候,不给周围的人添麻烦就好了。"

因此,我总是让自己忙碌起来,自我安慰,不断地给自己做心理建设。

3日

今天我骑着"哒哒哒"（89岁时买的带方向盘的电动轮椅老年车）去了菜园和墓地。我家的墓位于山脚，沿着菜园的田埂一路向前。墓地里有好几座祖先的墓。

骑着"哒哒哒"，我可以去任何地方。因为它会发出"哒哒哒"的声音，载着我去我想去的地方，所以我总是这样称呼它。我经常去2公里外的寺院。自从脚坏了以后，我无法步行去远的地方，"哒哒哒"便成了我的好伙伴。

> 我的"哒哒哒"，去哪都带我飞一程

5日

我去烫了头发。在店里见到了平时很少会见到的人，我们聊得太投入了，以至于忘记了时间。结果一不小心，忘记了和直江一起去赏红叶的约定。直江笑着说："这是常有的事。"我觉得非常过意不去。烫了头发以后，脑袋变清爽了，没想到脑容量也变小了，真是要命。但是，如果一味地把精力花在叹息上，只会令身心变得衰弱。一旦发现自己情绪低落，我就会给自己找事情做，让身体活动起来。

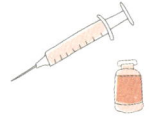

6日

有生以来第一次注射流感疫苗。虽然我觉得自己不会得流感，但是从今年开始，我每周会去一次日间服务养老院，所以不得不注射疫苗。我不太喜欢打针。

老了也要学会
配合时代

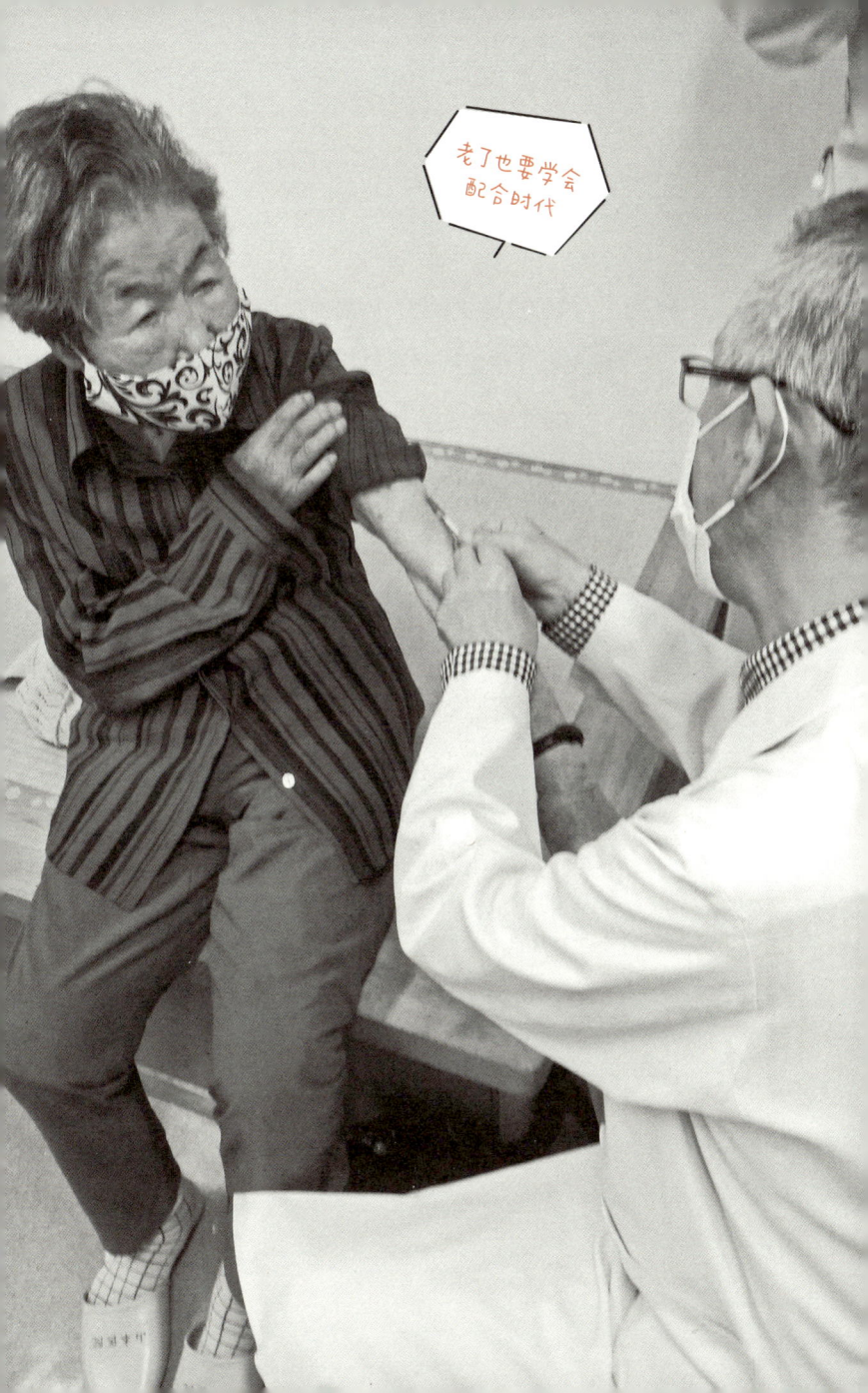

8日

和直江、邻居一起去参拜三原的御调八幡宫。那儿很安静,红叶很美。一整天都感觉很舒服。首先,我感谢现在拥有的幸福,并且祈祷这样的幸福可以一直持续。然后,我祈祷全家人都能身体健康,生活幸福。我真是太贪心了。

愿望很多,是我还在期待生活的证明

12日

丈夫曾经的同事说下周日要来拜访，所以我去尾道市区买了包子。那边有一家包子铺，虽然包子价格贵一点儿，但我很喜欢吃。我去市区的时候常常会买，当作给自己的奖励。

不但包子好吃，面包也不错。我非常喜欢三原市"荻路面包店"的豆沙面包。我读师范学校的时候，学校前面就有一家店铺。我住在宿舍，平时的早饭就是味噌汤配大麦饭，只有周日早上吃2个欧吉路面包、喝一杯牛奶。我总是满怀期待。每次想起来都想再吃一次。

16日

每月16日在大通寺（净土真宗本愿寺派的寺院，我常去那里参拜）有佛教妇人会的例会。我先要问候一下寺内的亲鸾像："您好，我来参拜啦。"在家里，我每天晚上会独自一人在灵位前诵经，但是在寺院里，是大家齐声诵读《正信念佛偈（简称正信偈）》。只要坐在佛像前面，内心就会平静下来。能看到大家的脸庞，令我越发地期待这一天。

傍晚时分，我去挖红薯。邻居早就挖完了，但是我想让它长大一些。尽管我没有浇水，可是红薯还是长得很好。土地大概在说："哲代奶奶年纪这么大了还在种菜，我也帮一点忙吧。"

在佛前合掌，我的心也安静下来

土地常常给我惊喜

24日

    我在晒黑豆。可以用这些黑豆做年节菜。煮黑豆的时候必不可少的是生锈的钉子。把钉子洗干净后,用漂白布包起来,然后用线绑好备用。把在水中浸泡了一晚的黑豆放进大锅,加水、砂糖、酱油、盐、小苏打以及钉子,用小火咕嘟咕嘟地煮。盖上锅盖,大约煮6个小时,时间长得几乎让人忘记。豆子煮软后就做好了。

    黑豆也是我的心头所爱,我会给邻居们分一分,最后只剩下一点儿给自己,但是这些就足够了。

    我会好好享用的。

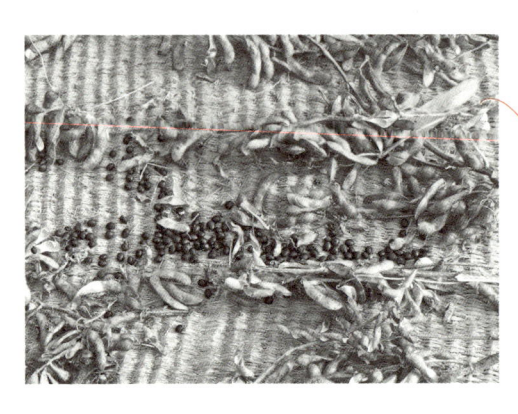

黑豆慢慢炖,
日子也慢慢甜

我一直
能吃能睡
爱聊天。

2020年12月

苦难不会白来，它会在某一天花开

7日

今天久违地见到了放学回家的孩子们。眨眼间，孩子们都长大了，已经是高中生了。来年春天，他们就要去念培养护士和口腔保健师的学校。也有很多孩子，高中毕业以后就要离开家乡。看到他们前途有望，我感到很欣慰。

这些孩子上小学的时候，我每天早上站在我家门前的坡道下面送他们上学。我会和他们每个人握手，使劲儿捏他们的小手，捏得他们直喊痛。我会对他们说："打起精神来，今天也要加油呀。"

"今天也要加油呀"

　　随着他们的年级越来越高，他们握我的手的力道也变得越来越大，这令我很高兴。

　　偶尔我睡懒觉，他们在路旁看不到我的身影，就担心地来按门铃。看见我慌忙地开门，他们才放下心来，说："啊，太好了，你还在。"这样一来，我都分不清是谁在照看谁了。

　　令人遗憾的是，孩子越来越少了，到了今年3月，早上送行这件事终于画上句号。真是令人寂寞啊。

8日

　　今晚我也写日记了。我一直在记"3年日记"，在一本日记本上可以留下3年的记录。我会在晚饭之后，一边回想见到的人和菜园里的事，一边写日记。这本日记本今年就会用完，所以我准备了一本新的。等到下一本日记写满的时候，我就103岁了。又能怎么样呢？为了不浪费纸张，我也要活久一点啊。

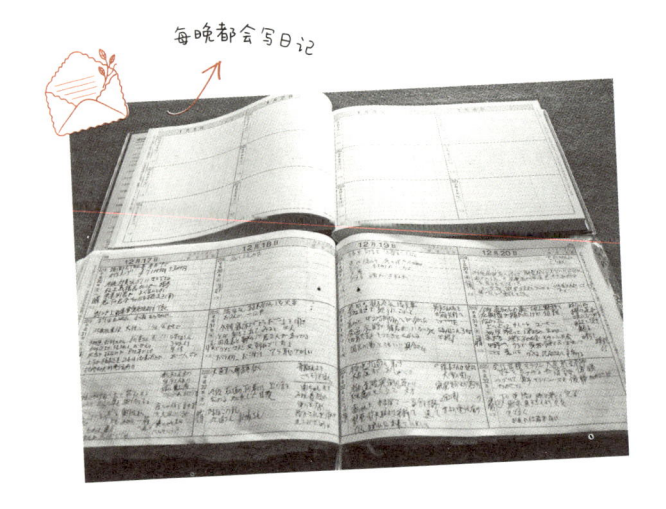

每晚都会写日记

9 日

今天,我恍惚想起了一些往事。20 岁时,我在寻常高等小学当了老师。1940 年,也就是太平洋战争爆发的前一年。那个时候我工作起来很拼。刚开始发生的事,我记忆犹新。

午休时间,我会把长椅搬到校舍旁边的太阳地里,让孩子们坐下来。每天的工作就是挨个儿给他们剪指甲、梳头、擦鼻涕。在那个年代,父母每天都在为生计打拼,根本无暇照料孩子的日常生活。

因为兄弟姐妹多,父母又在拼命工作,所以当时的小孩没有条件向父母撒娇。因此,我竭尽全力地爱护每一个学生。我会握他们的手,摸他们的头,慢慢地,他们也卸下心防,愿意和我亲近。他们真的很可爱。

我在56岁那年就退休了。今天,一个学生带着他的妻子来看我。说是学生,其实已经80多岁。但是他一到这里,就变回了当年的那个小学生。

有一次在生活技能课上学习缝裤子,这个孩子没有缝好。但是他没有轻易放弃,最终完成了任务。挫折会促进孩子的进步。我也和他一样高兴地说:"做得真好!"我夸奖他努力的过程。他也清楚地记得这件事。我们兴高采烈地聊了许多往事。

13日

菜园里的萝卜丰收了。以前我会用萝卜腌咸菜,现在不做了。我只拔了几棵,够吃就行了。萝卜长得可真大!凭我这个老奶奶的力气,没有办法拔出来。有人来我家,我就对他说:"你拔出来拿走吧。"萝卜很难拔,一不小心,萝卜尖儿就折了。剩在地里的萝卜尖儿就归我了。

和植物打交道的日子里，
我忘记了老去

16日

从京都本愿寺来的记者（净土真宗本愿寺派机关报纸《本愿寺新报》的记者）采访了我。大概是因为我100岁了还在每晚大声诵经吧。记者拍了许多照片。我想，过分装扮只会露出更多破绽，所以我就给他看我真实的样子。

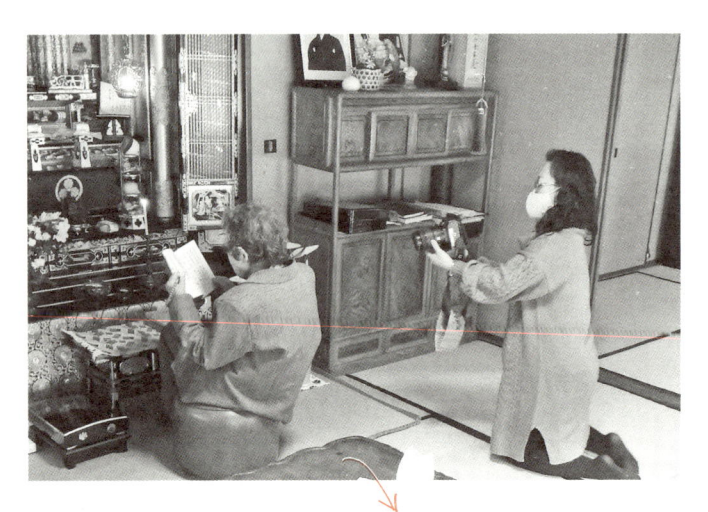

真实的我
被记录下来

18日

虽然离元旦还早,但是我已经把晒干的黑豆煮了。黑豆是"苦劳豆"[1]。吃黑豆的时候,要祈祷自己能多吃一些苦。有一些收获,只有经历一番辛苦,才能看到,才能体会。经历过苦难,人才会去思考如何克服苦难。

没有苦难的人生是无趣的。不过,我就是随便说说。

21日

今天的报纸用许多篇幅报道了世罗高中接力长跑的赛况,我一字不落地读完了。昨天我守着电视给他们加油。

我经常和直江一起去世罗[2]开车兜风,也曾看到运动员奋力奔跑的身姿。啊,真开心。

---

1 "黑豆"在日语里和"苦劳豆"发音近似。
2 广岛县世罗郡世罗町。

阅读体育报道

熬煮出时光的苦与甜

22日

我买了30张贺年卡。在我收到的贺年卡中,越来越多的人写道:"上年纪了,写不动了,明年开始就不寄了。"每次读到这样的文字,我就感到寂寞:这不是写得挺好吗?不是还能写吗?

我会在贺年卡上写道:"振作起来吧。"

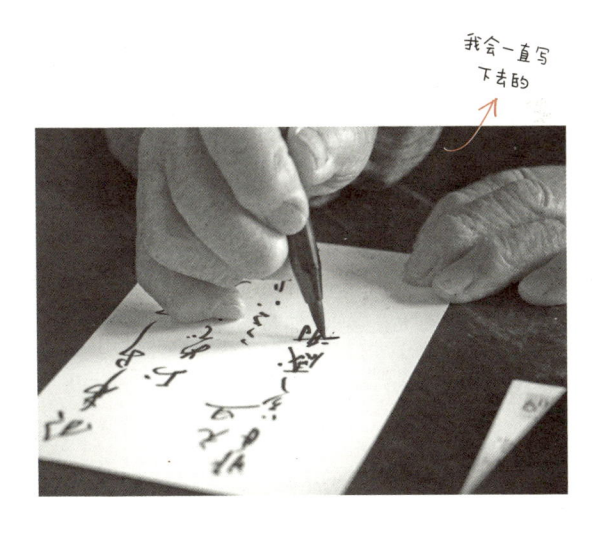

我会一直写下去的

2021 年 2 月

今天努力，明天就会闪闪发亮

1日

因为每天都很忙碌，所以我会把日程安排写在厨房的日历上。看着日历，就会想起将要见面的朋友的脸庞。把值得期待的事写进日程，这样就能充满活力地迎接新一天。

每个星期一都有"好友俱乐部"的聚会。在这里，当地的老奶奶们练习大正琴[1]。曲目大概有40首。今天，我们弹一曲《荒城之月》吧。这首曲子很好听。

---

1 又称"凤凰琴"，是日本自行发明的乐器。

不过，也有很多时候，我们会把练琴的事抛在一边，只是围在炉边聊天，欢笑。这是我最期待的事。欢声笑语过后，大家就意气风发地回家。

好友俱乐部诞生于1973年，已有50年的历史，对我来说是一个非常重要的集会。

好友俱乐部诞生的契机，是农家的婆婆们开始坐在田埂上无所事事。那时候农具迅速普及，孙子也有幼儿园老师照顾。大家都不知道该如何度过空闲时间。

找到志趣相投的朋友，人生就有了光亮

于是大家想到,那就搞一个集会吧。当时我还在当老师,我挥舞着指挥棒,大家各自敲打着平底锅、箱子,跟着节奏齐声高唱童谣《鸽子》。有时候男人也会参加,一起跳民族舞蹈。女人们会化淡妆,大家一起欢声笑语,犹如感悟迟来的青春。

俱乐部的初期成员都是明治时代[1]出生的女人们,她们年纪比我还大。因为从小就要照看孩子,除草劳动,很少有属于自己的时间。好友俱乐部对我们来说,就是一场小小的革命。

当时我也是每天急匆匆地下班回家,直到天黑都在忙着做农活。那时我拼命地想要履行农家媳妇的角色,但现在我不用顾虑任何人,正在尽情地享受自由。

中午,我和侄女直江一起去附近的店里吃拉面。尾道拉面是我的最爱。几年前在这里,我和一位同桌的人聊得很投机。那个人说她的母亲也和我一样来自上下町。现在每到年底,她还会给我寄年糕。因为我很健谈,所以很容易就能和他人成为好朋友。

---

[1] 明治时代(1868—1912)共存在44年,由明治天皇当政。

尾道拉面，
我的最爱

100颗豆子，代表我的100岁

2日

今天是节分[1]。我数了和我的年龄相同数量的豆子，发现数量真多。哇，满满一捧。这让我深刻意识到自己已经100岁了。

想到这些豆子的每一粒都代表了一年，就觉得它们格外可爱。

---

1 立春的前一天，日本有在这一天撒豆驱鬼的习俗。

9日

我家的厨房没有铺地板,无论谁来,进门都不必脱鞋。我就在这里摆好椅子,和邻居们聊天。父亲80年前给我做的缝纫机前的凳子,我至今还留着。

这是我出嫁时带来的,我很珍惜它。虽然缝纫机已经坏了,但是凳子还是好的,我会踩着它拿高处的东西,或者坐着它喝茶。

因为它是父亲留我的遗物,我不舍得扔掉。

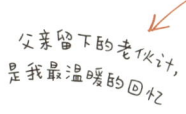

父亲留下的老伙计,是我最温暖的回忆

10日

星期三是去日间服务养老院的日子。我才去了8个月，其他人都比我年轻，但我是最晚去的，算是新人。早上我会跟大家打招呼："早啊，早啊。"唱歌的时候，我的声音也比他们高一倍。做体操也一点儿都不偷懒。如果大家带着笑容回应我，我就会很开心。

我还喜欢在这里泡澡。直到去年，我还在家里用柴火烧五右卫门浴缸[1]洗澡，但现在我都是在这里洗澡了。细密的泡泡不断冒上来，我感觉很舒服。

---

1 一种传统的日本浴缸，通常是一个大铁锅形状的浴缸，下面直接用火加热。

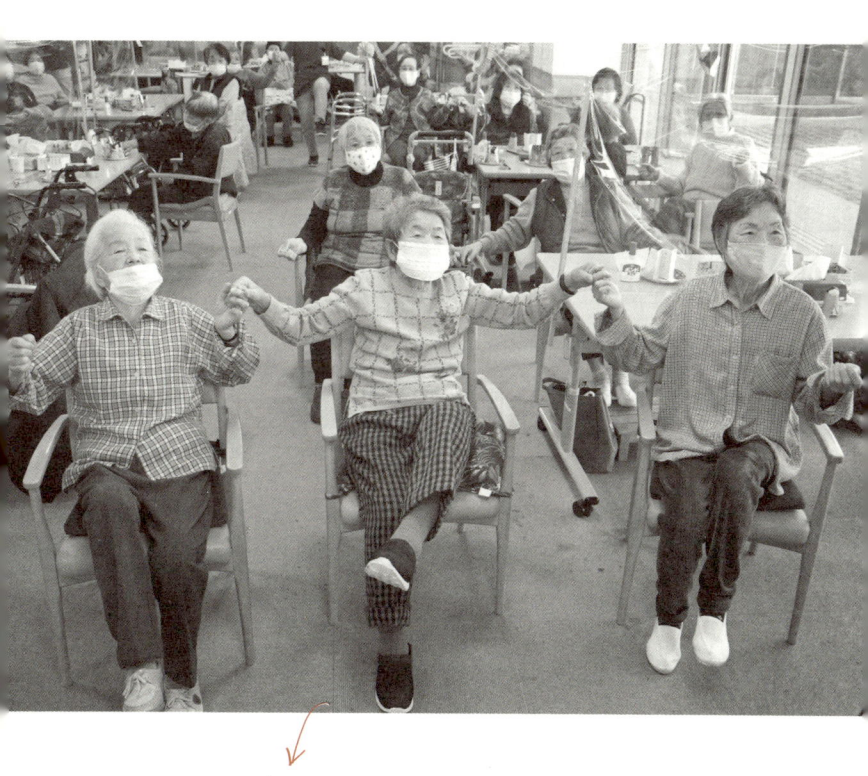

大声唱歌，
也是一种小小的胜利

15日

我每隔一天洗一次衣服。去年夏天的时候,我换成了全自动洗衣机。惭愧的是,我一直不会用。直江说:"只要按两个按钮就行了。"但是我按下按钮之后,它不会马上动起来,我等不及,就又去按别的按钮。最后,我不得不打电话给直江:"我洗不了衣服……"这样的情况大概持续了两个月。

16日

今天大通寺举办集会,我上午和下午各去参拜了一次。去寺院碰到的都是熟人。大家异口同声,唱诵正信偈[1],心情不由得振奋起来。

---

1 日本净土真宗开祖亲鸾创作的佛教典籍。

洗衣机
使用方法学习中……

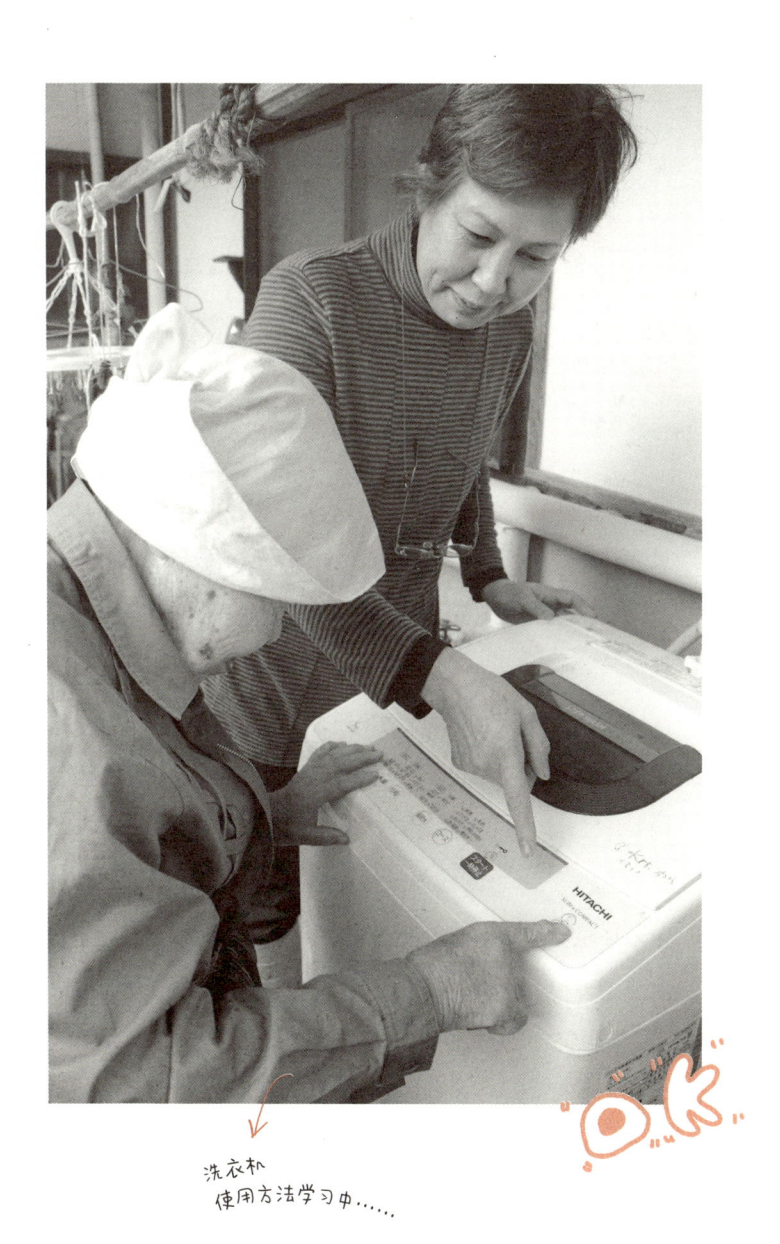

"O.K"

2021 年 3 月

活着，不如活明白

哇哦！真令我受宠若惊。3 月 15 日，尾道市的教育委员会举办《100 岁的人生智慧》讲座，邀请我去当讲师。

我在休息室还有一点儿紧张，但是一上台，紧张感就烟消云散了。

我的讲座从大合唱《濑户新娘》开始。我邀请大家一起大声唱，"大家能一起大声唱歌吗？"我举着写在大纸上的歌词卡片，并用大正琴伴奏。

不过，讲座这个词未免太冠冕堂皇了。我只是原原本本地呈现了一个努力活着的老太太的真实面貌。怎样才能每天取悦自己，好好活下去呢？我在讲座里提到了以下五点。

在讲座上
和大家一起唱歌

活得漂亮的五点人生心得

1. 凡事皆有两面，我只想好的一面

凡事都有正反两面。大家请看一下我的手。手背布满皱纹，但是手心这一面却很光滑。如果只看一面，我们就没有办法了解事物的全貌。打个比方，考试失利，只能去读并非第一志愿的学校，但是有可能在那里遇到终生的挚

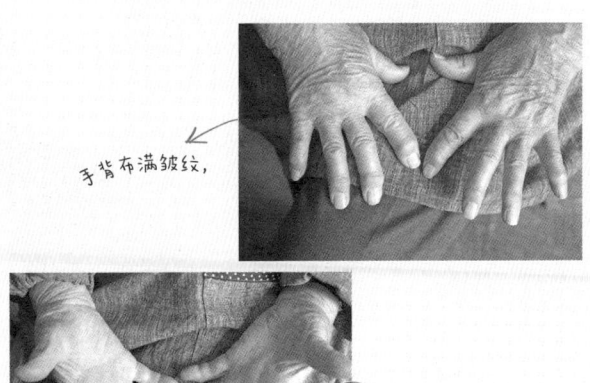

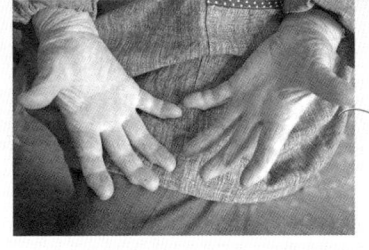

手背布满皱纹，

但是手心这一面却很光滑

友。即使失败,也可以反过来想好的一面。如果只看到失败,我们就会被自卑感裹挟,走上人生的歧途,人也会渐渐变得狭隘。失败只是过程,无论失败多少次,我们都可以重新来过。总有一天,当我们回首往事,会觉得那其实也是成功。

2. 生气少一点,快乐多一点

当我想表达喜悦和感谢的时候,我会自然而然大方地表达。平时,侄女直江经常给我送小菜,邻居也会帮我打扫卫生。大概是因为他们懂得我孤身一人的寂寞吧。我很感激,总是大方地表达喜悦。

我觉得,老年人不应该暴躁易怒,应该给年轻人树立榜样。我们要保持微笑,让他们觉得,即使老了,仍然可以很快乐。我们要成为社会的情绪调解员。同样是度过一生,与其萎靡不振,不如自由舒展地生活。

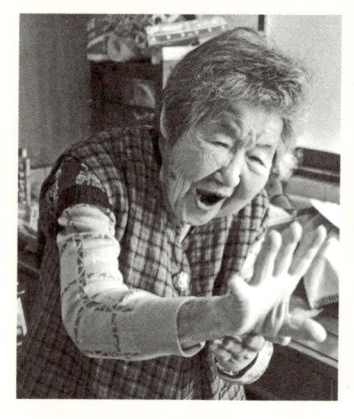

说"谢谢"的时候
再用力也无妨

3. 脑袋多动一动，心也不糊涂

当我还是老师、担任小学五年级班主任的时候，有个男生一上数学课就变得焦躁不安。我观察发现，他好像没有掌握九九乘法表，于是我就问他："你是不是没有学会九九乘法表啊？"他竟然一下子哭了出来。他的表情中既有羞愧，又有解脱。我教给他九九乘法表以后，他就变得很勤奋，喜欢上学习。我觉得特别欣慰。

想要了解对方，就要认真地观察，这大概是我从当老师的时候开始养成的习惯。发现对方微小的变化，比如对方精神不振，或者是近来瘦了一点儿，留意这些细微的变化，在成年人的交往中也很重要。聊天的内容不同，对方的反应也会随之改变。当他觉得你在关注他，他就会放心地坦露自己的内心。

这是孩子们教会我的

4. 不开心时，试着讲个笑话吧

当我使用否定的词语时，比如"没有"食物，"没有"钱，我会用一些谐音字。比如，"木有钱"。听我这么一说，大家都会忍不住笑出来。同样是在说"没有"，如果能开个玩笑，感觉就会很好。如果一个劲儿地说"没有、没有"，情绪就会低落，所以我不愿意用这个词。情绪低落是魔鬼。一旦发现自己有情绪低落的倾向，必须尽早帮自己走出来。

5. 寻找值得追随的人生前辈

不知不觉中，我发现自己一直在向婆婆学习。一有时间就给院子和菜园除草，始终保持干净。每天晚上高声诵经也是从婆婆那里延续的习惯。

我26岁嫁到这里。那时，婆婆经常背着柴火进城去卖。她会用卖来的钱买香肠，然后放进我们夫妻俩上班带去学校的便当里。在当时，香肠还是很珍稀的食物。她用实际行动向我展示了一个阳光的劳动者的模样，以及她的体贴入微。我建议大家也找一个可以当作榜样的前辈。如果能通过模仿榜样，把他的优点化为己有，那我们就赚到了。

效仿榜样准没错

051

2021 年 4 月

带着笑意,把病也吓跑了

1 日

今天邀请邻居一起去三次市三和町赏樱花。刚好赶上樱花盛开,河畔的樱花连成了一片。据说那树被称为"千本樱[1]"。我活了 100 年,还是第一次看到如此美丽的樱花,不由得发出"哇哦,哇哦"的赞叹声。

直江经常开车载着我和邻居去四处兜风。我们还路过世罗的道之驿,去买了东西,真是美好的一天。

---

1 千本樱原形容日本吉野山上樱花盛开的景象,而后来渐渐泛指遍植樱花的林荫道及因其产生的名胜。

春日赏樱

2日

　　早上起来就去拔草。菜园里的波斯菊长得很高，开了很多花。今年我想在菜园里种红薯。这样想着，拔草的手也变得轻快起来。等到秋天，就烤红薯吃吧。

5日

住院

因为脚突然痛起来,我马上让直江带我去了医院(尾道市御调公立综合医院)。医生说我得了"下腿蜂窝组织炎",两个小腿红肿,一阵一阵地刺痛难忍,无法走路。希望医生能尽快帮我止住疼痛。

被脚痛按下暂停键,也没关系啦

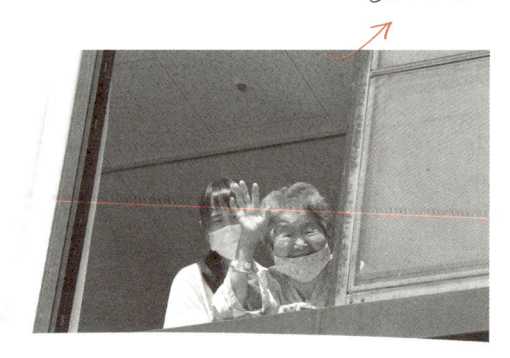

康复训练,
我会加油的

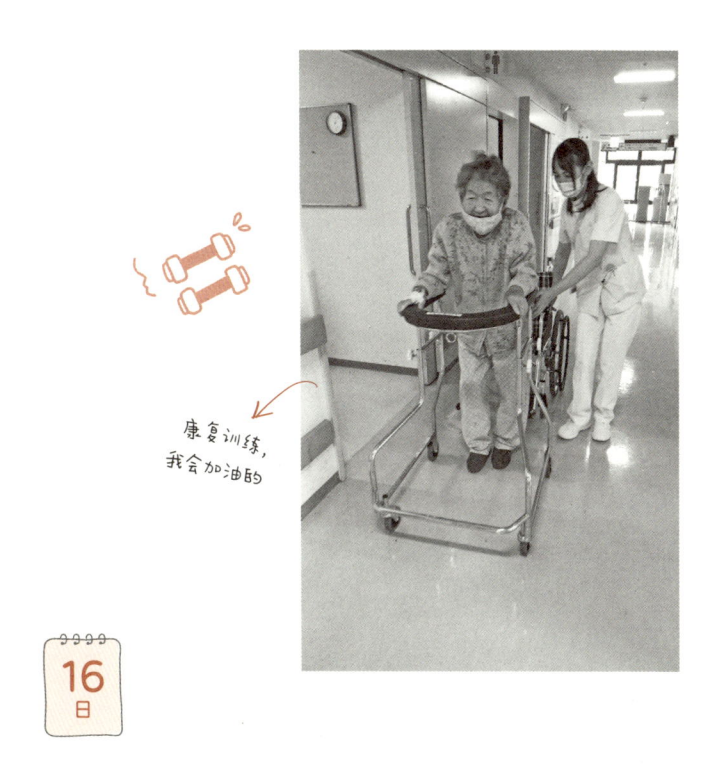

16日

  几乎已经不痛了。我不禁开始担心菜园里的杂草泛滥,一心想着早点回家。我这个人不能闲着。如果整天躺在床上,不但身体会变得迟钝,心情也会阴郁。为了能够一回家就去菜园里干活儿,我必须做好准备。因为我想早日出院,所以我一直在乖乖地做康复训练。练习走路、做头脑体操,康复训练可以很好地帮我转换心情。

之前，我在康复训练室弹钢琴。弹的曲子是我当小学老师时候弹过的《小鳉鱼的学校》和《郁金香》。虽然曲子很简单，但是因为有钢琴伴奏，唱歌的人也唱得格外起劲儿。听到在场的患者们的歌声，我也弹得很高兴。

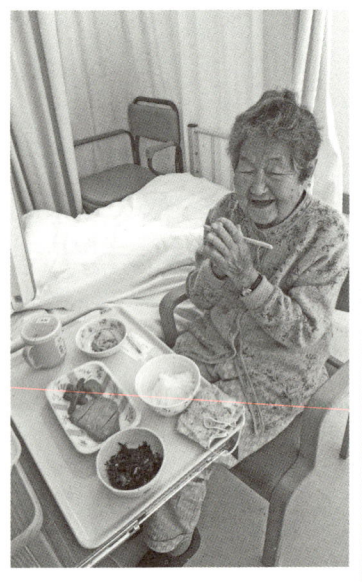

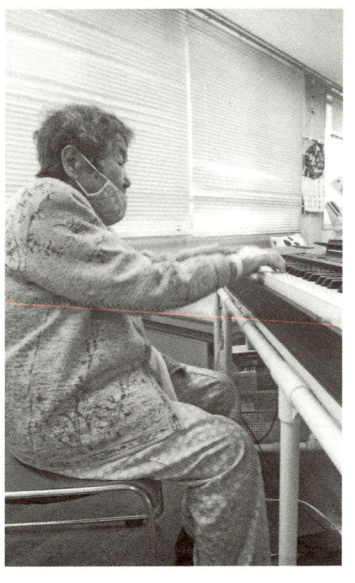

17日

新冠疫情期间,医院不允许探视,因此手机是和外界联系的唯一工具。平时我经常忘记给手机充电,但是在住院期间,我会经常和直江电话联系,频繁使用手机。虽然躺在床上,但食欲一如既往地旺盛。医院提供的饭菜,我都能吃光。能吃、能睡、爱聊天,这些都是我的特长。

20日

出院

今天我顺利出院了,弥生(坂永弥生,68岁,住在府中市上下町的哲代奶奶侄女)来接我了。

回到家后,发现周围的景色略有变化。山间的绿色变得浓郁,田间也开始了种植稻田的准备工作。我立刻打扫了满是落叶的庭院,然后打开佛龛门,向已故的丈夫良英先生报告"我回来了"。果然,回到家才是最好的。

每天都是相似的重复,但我明白这究竟有多幸福。在即将迎来 101 岁之际,我又学到了一课。

出院时,
医生专门来给我打气

23日

再次住院

我觉得脚又开始痛了。或许是因为胆子变小了吧,谨慎起见又去住院了。

记者眼中的哲代奶奶①

在欢乐地赏花之后的第四天,我收到直江的邮件说哲代奶奶住院了,我感到有些意外。虽然她说"如果一切顺利,大约两周就可以出院",但会没事吗?

受防疫措施限制,疫情期间无法探视。我想知道哲代奶奶的情况。她是否健康,是否有食欲。9日,在医院的安排下,我得以透过医院二楼的窗户看到了她。我对着她喊"哲代奶奶",她探出身子,微笑着。然后,她用双手比了一个大大的圆圈,试图让我们放心。

这个月我考虑过暂停连载。但我想告诉读者,哲代奶奶如何接受和应对这突如其来的变化,于是我拜托医院拍摄

我有在努力复健哦

打扫庭院也是
确认自己
身体情况的方式

哲代奶奶住院期间的照片，他们欣然答应了。这次，我们刊登了理疗师拍摄的哲代奶奶做康复训练和用餐前的照片。

哲代奶奶仍然很乐观。她反复在电话里说"我会早点回家的"。我们也看到了在医院工作人员的鼓励下，哲代奶奶努力康复的积极态度。

但是在住院后期，有一天，哲代奶奶说话的语气有点重。她说，有时候一觉醒来分不清是早上还是傍晚。她仿佛在安抚自己似的说："一定要脚踏实地才行啊。"

20日，大概两周以后，哲代奶奶出院了。我们采访了她，并录制了视频。然而，23日晚上，我拨打她家里的固定电话却无人接听。我尝试打她的手机，终于接通了。她有些难为情似的小声说："我现在在医院。"她告诉我，她觉得脚又有点疼，所以为了安全起见再次住院了。

也许她也感到有些无助吧。对于已经100岁的哲代奶奶来说，独自生活并不是稀松平常的事情。她每天收起、拿出被子，都在确认自己的精力和体力："好的，今天也没问题。"她做好了充分的心理准备，对每一天都格外珍惜。

"对不起，让你担心了。"哲代奶奶小声说。其实我才该说对不起，或许是我急于让她早点康复呢。这次，让我们慢慢来，一点点地恢复健康吧。

4月29日，哲代奶奶将迎来101岁生日。

2021 年 5 月

换个心情，世界也会不一样

24日

让大家担心了，如今我已经顺利出院了。现在，我暂时住在侄女弥生家里，她家就在我的老家附近（府中市上下町）。在弥生家，我会帮忙给菜园除草，和弥生的孙子幸之介（8岁）一起玩耍，做一些生活上的康复训练，然后再考虑恢复独自生活。

其实，过去一个月，我情绪低落，感到有点气馁。毕竟两次入院，给周围的人带来了很多麻烦。即便我也知道沮丧是魔鬼，但依然情绪低落。经过这一次，住养老院的

和侄女的孙子
幸之介玩耍

念头一直萦绕在我的脑海里。

实际上,我想先回家。我觉我还可以独自生活。但是如果我执着于自己喜欢的生活方式,只会给大家添麻烦,所以我想放弃独居,入住养老院。弥生对我说:"没关系,我会支持你的。"她的话让我很感激,于是我毫不犹豫地接受了。

我的心情豁然开朗起来。这时候我就想回家种菜园。很奇怪,好像身体也在告诉我,我还可以继续一个人生活。

我过去的日子一直都很平凡,但这是多么难能可贵啊。这次住院让我再次深刻地意识到了这一点。诸事无常,身体的状态会随着时间而改变,所以我们也必须相应地改变居住环境。**我容易被打击,但我希望能积极面对变化,温柔地应对生活的挑战。我觉得自己还有很多需要锻炼的地方。**

不知不觉就迎来了100岁……啊,已经101岁了吗?哇哦,真是不可思议啊。对我来说,迎接101岁的新年,有一种说不出的苦涩。毕竟年龄变成了三位数。一想到新的一年就要到101岁,心情就变得沉重。这让我不得不面对自己已经老去的现实。只不过一个晚上罢了,竟令人如

庆祝101岁的生日蛋糕

外出时一定要坚持踏步运动

此心烦意乱。大家也像我一样吗？

我总是告诫自己，既然人生只有一次，那就要好好享受。不开心的事情要换个角度看看，顺其自然。 特别是过去的十年，我学会了平静地倾听他人说话。我希望能早点回家，和大家一起聊天。听直江说有很多人打来电话关心我，非常感激。

无论是可悲的事情，还是艰难的时刻，都取决于自己的心态。 是深陷其中无法自拔，还是决心振作，都在于自己。自己的心态只能靠自己调节。无论年龄多大，都需要不断地努力，日渐精进。

我觉得自己过的不是101岁的生日，而是1岁的生日。我的人生要重新出发。我还有很多潜力。**人生不能给自己设限，无论做什么都要全力以赴。** 下个月回家后，我要赶紧种红薯苗。

弥生眼中的哲代奶奶

我一直在旁观察我的姑姑，我很尊重她的生活方式。此前，我参加了姑姑和邻里们组建的好友俱乐部，当时俱

和侄女弥生的合影

乐部的墙上贴着一张纸。上面列着已故的朋友和他们的家人的名字。据说，他们每年都会聚在一起诵经，分享回忆。由此，我了解到姑姑有多么重视周围的邻里。

　　姑姑家里经常有邻居和学生聚集。一个可以随意出入的家，真是太好了。被邻里包围着，生活一定非常幸福。我真心尊重姑姑的愿望，希望她能继续过她想要的生活。根据我照顾公公婆婆的经验，我相信姑姑还有能力独自生活。没问题的。现在让她去住养老院，有点可惜。

打扫满是落叶的庭院，
心也跟着亮起来

今后，如果她觉得"再也无法继续独自生活了"，那就来我这里，或者也可以考虑入住养老院。

直江眼中的哲代奶奶

哲代叔母是一个很擅长倾听的人。无论年龄多大，她的好奇心都很旺盛，喜欢问各种各样的问题。住院之前，我在自家后院发现了一只大紫蛱蝶的幼虫，拿给叔母看了以后，被她接连不断地提问。她就是这样，和谁都能聊得来。

当然，她也有烦恼。由于叔母没有孩子，所以她强烈地认为，只要还活着，就必须自己照顾好自己。因此，她对老去的思考和准备与一般人大为不同。**为了活得轻松，她总是让自己保持心情愉快**。我也要向她学习。她就像一个楷模一样。

和姪女
直江的
合照

2021 年 6 月

一个人，也可以很热闹

1 日

此前为了康复暂时寄住在弥生家，今天我回到自己家，重新开始了独居生活。

今天我用竹扫帚打扫了庭院。已经离开家好一段时间，满地都是落叶，庭院里也长草了。

一回到家我就在菜园里种下了红薯苗。早上做了味噌汤，然后骑着电动老年车去了菜园……做做这个，弄弄那个，故意让自己忙起来。因为我想试着做和健康的时候同样的事情。

活动身体之后会肚子饿，不过睡眠很好。不错不错，保持这个状态。独居的日子里，我会随时留意自己的精力和体力，我很珍惜这样的生活。如果有一天突然倒下了，那就是到时候的事情了。在那之前，我会竭尽全力活下去。

记者眼中的哲代奶奶②

听说哲代奶奶已经出院了，那天我去拜访了她。无意中翻看了书架上的一本佛教书，我倒吸了一口气。在封面内页，密密麻麻地布满哲代奶奶的字迹。"祖先们，对不起。良英，对不起。"这是两年前写下的文字，当时她已经99岁了。

1946年她嫁到一个农家，但是无法与丈夫良

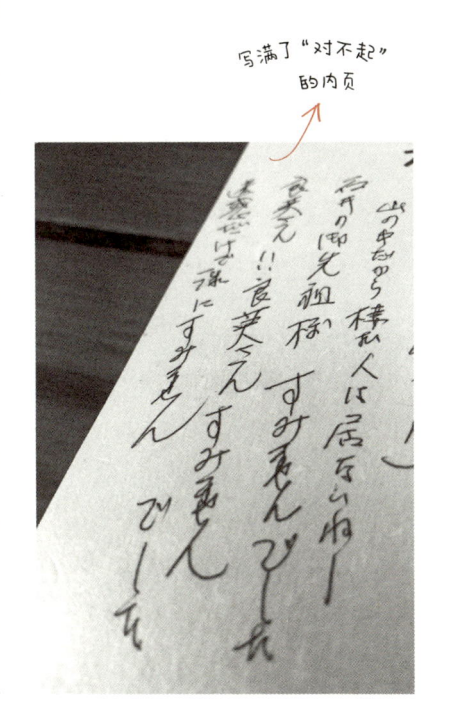

写满了"对不起"的内页

英生育子女。那个时代，生几个孩子是理所当然的事。无法延续香火的痛苦，可以想象是何等辛酸。99岁的哲代奶奶再次直面这种辛酸，她思考着如何度过余生——没有子女可以依靠，哲代奶奶的苦恼溢于言表。透过向祖先和已故夫君道歉，我们能感受到她想要逃离这种痛楚的渴望。

对于人生的"课题"，哲代奶奶肯定会毫不畏惧地面对。我觉得，我们也有了一个新课题，那就是记录下人生一步步的过程。

这是哲代奶奶写下的内心独白。当我问她是否可以在文章中提及时，她说："可以啊。""心就像月亮一样。虽然想像圆月一样闪耀，但我的心就像弯月一样，有些残缺。我也想给大家展现我脆弱的一面，愿意接受各位的帮助，让自己变得像圆月一样闪耀。"她又说了一句名言。

> 笑着栽下一棵树，
> 总有一天能在
> 树荫下乘凉

2021 年 10 月

一起种菜，也是人生的缘分

6 日

好久不见了呢。在这期间，我开始吃药了。请看冰箱上贴着的那个，那是我用来看吃药的日历。对吧，这很方便。我直到 101 岁都在吃药，弥生担心我忘记吃药，特意为我准备的。是什么药呢？（注：据说是便秘药和止痛药）

冰箱上
贴着吃药日历

7日

家前面走下坡的地方,我种了一块菜地。今天挖了些地瓜,我立刻把它们切成薄片,放在平底锅里煎。又甜又香,太棒了。而且最近,发生了一件让我开心的事情。我找到了一个愿意和我一起种菜的伙伴。他住在我家附近,是我的亲戚,曾经也是教师。我一直称他为"金丸老师"(金丸纯二,73岁,广岛大学附属三原学校的前副校长),虽然他还是种菜新手,但他对种菜非常有热情,像我的学生一样认真学习。我真的非常感激。

煎地瓜，又甜又香

　　我也意识到，到了 101 岁，一个人独自除草和种植幼苗会感到有些吃力。但是，和金丸老师一起交流，一起干活儿，就感觉一切都不那么困难了，心情也变得轻松起来。我希望以后可以一点点放下自己独自承担的重负。

和一起种菜的伙伴金丸老师的合影

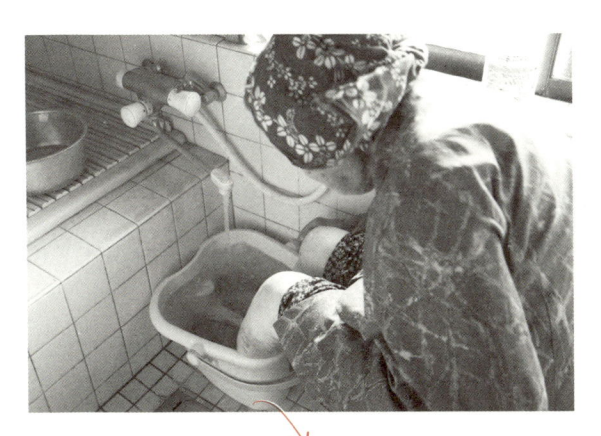

劳动后一定要
用热水洗脚

10日

　　天气依然炎热。今天我移动到阴凉处，顺便清理了家周围的杂草。劳动结束后，我习惯用热水洗脚。还记得四月份我因脚肿住院吧，为了防止复发，我必须保持清洁。直到99岁，我都是用柴火烧热水来洗澡。虽然那时候也很舒服，但现在我非常期待每周两次日间服务的洗澡时间。

12日

桌子上堆满了未读完的书。晚饭后我时常会翻一翻。现在我正在读的是《叹异抄》。我一边读,一边在其中寻找能触动我心灵的地方。

18日

21日是我丈夫良英的忌日。今天,我骑着"哒哒哒"去扫墓了。由于最近我站不久,所以我在墓前放了一个塑料酒箱当凳子。今天的清扫工作进行得很顺利,剩余的部分就交给侄女们吧。墓地很大,我想良英也会说:"快点来吧。"或许他更愿意说:"你真啰唆,还是别来了吧。"

良英，我来看你了哟

19日

我从 6 月开始使用配餐服务，只让他们送晚饭的主菜。每天都能享受如此丰盛的饭菜，我觉得十分过意不去。以前我会自己炒鱼薯和蔬菜，邻居们也会分享给我一些食物。现在自己不再做晚饭了，我轻松不少。

配餐服务送来的晚饭非常丰盛

2021 年 11 月

就算说再见，也要笑着挥手

1 日

能认出这张照片中的人是谁吗？这是 80 岁时的我。当时，因为要在大通寺举办的一场葬礼上念悼词，所以我去美发店做了头发。就是那个时候有人帮我拍了这张照片。我穿着黑色的衣服，照片拍得很好，我想把它当作遗像，于是放进了相框里。嘿嘿。

最近，越来越多的人会在生前准备遗像，但是，当时还很少有人这样做。

还是要比现在年轻一点儿,对不对?那个时候我绝不会想到,我还能再活20年。可惜啊,这张照片已经没法再用了。不然,来参加我的葬礼的人一定会疑惑地问:"这是谁啊?"

80岁的我,年轻时也是个美人呢

半价牛肉选购中

4日

今天弥生来了。她经常来看我,每次过来,都会帮我清洗床单之类的大件物品,把全家上下都整理一遍。但是,今天我在弥生来之前就清洗完了。自己能做的事一定要自己做。

中午我让弥生带我去买东西,我想吃肉了,恰好赶上鹿儿岛牛肉半价。菜园里长不出肉来,只好买了。我还买了鱼干,过去吃的鱼干是褐色的,最近的看上去就很好吃的样子。

8日

朋友世利子和文子（寺谷文子，83岁）来我家一起做了槲叶糕。我很喜欢吃槲叶糕。因为我家院子里槲树叶子长得很好，每次看到，我都很想吃。人多干活儿快，不一会儿就做好了。过去是5月5日做槲叶糕，3月3日做雪饼。在我小时候，这些零食是很贵重的。我们会把雪饼用土锅烘过之后，用纸包起来，一小块一小块地吃。

14日

我和金丸老师一起种的土豆还没有长大。金丸老师很担心，但是，就算长得小，土豆依然是土豆。没关系。种了这么多年菜，难免有失败的时候。我都是自己摸索，并不是很懂。大概土豆也有想长大的时候和不想长大的时候吧。

和朋友一起做橡叶糕

17日

从佛龛和架子上的抽屉里翻出来许多笔记本。大概是拍摄遗照的时候，朋友和同学相继地去世，我经常去参加葬礼，从那个时候开始，我就经常在笔记本中写下对自己葬礼的想法。你别看我每天生活得无忧无虑，但是到了夜深人静的时候，我就会思考这些事情。我不想让侄女们担心。我会把自己的想法随便找一本笔记本写下来。

因为写得分散，结果用了好几本笔记本。哎呀，居然有5本呢。尽管这样做像是把自己的问题丢给别人，但我还是想着有一天把这些内容整理到1本笔记本上，交代给侄女们。

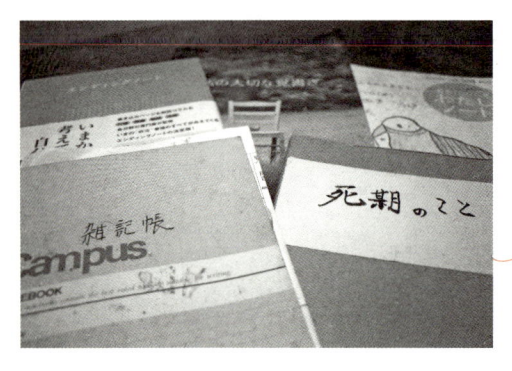

记满想法的笔记本

新米味道很棒

22日

我家的稻田一直是交给邻居打理的，今年也收获了新米。味道果然不一样。我一次会煮 2 合[1] 米，分成三四次吃。难得的是，我的食欲并没有下降。体重呢，一直保持在 45 公斤上下。

记者眼中的哲代奶奶③

每次采访，我都不禁感慨：啊，哲代奶奶一定非常爱她的丈夫。因为她每次都会提到这个人的名字，2003 年去

---

1 日本的容积单位，每合约等于 0.18 升。

世的良英先生。哲代奶奶轻轻地抬头看了一眼天空,想象着丈夫的样子。

"我想他一定会夸我很努力吧。"

最爱的人一直在守护着自己,这种绝对的安全感,支撑着哲代奶奶的每一天。

但是,最近我才知道,这不是全部。良英先生的照片以前立在床边柜子的抽屉上。但是最近,哲代奶奶把它放在紧挨着枕头的地方。

我问:"把丈夫的照片放在更近的地方,是因为想念吗?"哲代奶奶却说:"并不是这样。"我感到很意外。

"我是想告诉他,我在这边还想着他,这样他就不会感到寂寞了。"

哲代奶奶不仅仅是被守护的那个,她也在守护着丈夫。

哲代奶奶想象着和良英先生重逢的情景,对我说:"我脸上的皱纹变多了。要是他没有认出我来,那该怎么办?"

哲代奶奶闷闷不乐地低下了头。

"不,他应该还记得我的声音。我要大声地唱着歌去找他。"

"我在这儿,你也在这儿。"

说着,一个人咯咯地笑了起来。

我也跟着笑了起来。谈及死后的事情,哲代奶奶竟一点儿也没有悲伤,而是充满活力,仿佛张开想象的翅膀。在她身上,我感受到了一个圆熟之人绽放的安详的光辉。她告诉我们,死亡并不可怕,它只是活着的延续。

有时,哲代奶奶也会露出可爱、嫉妒的一面:"说不定他在那边有了相好的。"哲代奶奶说,虽然在5本"终活笔记"里没有写,但是她告诉侄女们:"我死以后,一定要认真地给我化妆。"

2021 年 12 月

记住你的人，就证明你活得真好

8 日

今天有"好友俱乐部"的集会。附近的老太太聚在集会地点。这个俱乐部成立于 1973 年，已经持续了很长时间。今天，我们举行了一年一度的追思会。

追思会的起因，是一位重要同伴的突然离去。好友俱乐部的一个成员在 1987 年因为交通事故去世。我们没有机会对她说再见、谢谢。大家只能一起诉说回忆，互相安慰。追思会的传统就是由此形成的。

从那以后，再有同伴去世，我们就在包装纸的背面写

每个名字背后都有大家珍贵的回忆

上故人的名字。这里写了很多已经去世的好友俱乐部成员及其家人的名字。这个名单每年都在增加，已经有64个人。把写着名字的纸贴在墙上，大家一起高声诵经，然后大家围坐在一起，讲述和这些人的回忆。每个人都有说不完的话。

美代子的大正琴弹得很好。她弹琴的时候就像钢琴家一样，动作潇洒，感情充沛。呵呵，我至今还记得她弹琴的样子。大家会模仿已故之人的动作，仿佛从百宝箱里取出一个又一个珍贵的回忆,讲着每个人的故事。讲的人绘声绘色,听的人也感叹:"仿佛能看见真人似的。"大家都很投入。如果现场稍微安静,就会有人轻声说:"怎么没有声音了。"

我想说,死亡并非人生的终点,因为大家会在心里记住你。在同一个地方度过同一段时光的伙伴会记住你。他人的回忆,就是那个人活过的证明。

一个人一次所能背负的悲伤是有限的,所以需要同伴一同分担,来温暖一个人深切的忧愁。追思会存在的意义,就是让大家一起面对悲伤,渡过难关。

为故去的朋友诵经

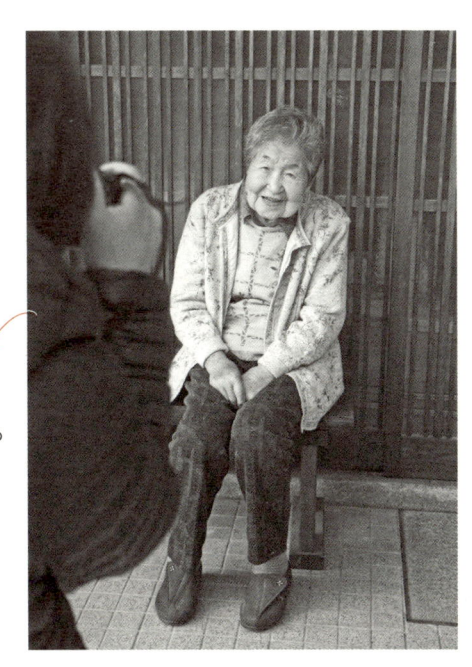

给年轻人祝福，是种下不会过期的向日葵

中午尾道市役所的职员来我家，拍摄在成人[1]仪式上要播放的视频。上周已经来过一次，今天是第二次拍摄。他们说这是给"新成人"的寄语。20岁，多么美妙的年龄。在很久很久以前，我也曾经有过那样的时光。

---

[1] 日本的成人仪式是庆祝青年正式成年的重要传统节日，2022年4月起，成人年龄从20岁下调至18岁，但多数地区仍按20岁举办成人仪式。

9日

我和金丸老师一起挖土豆。金丸老师之前一直担心土豆长不大,结果证明,他的担心是多余的。我们把挖出来的土豆按照大小分别装进袋子。先吃小的,因为小的削皮比较麻烦。不然的话,就会把大的吃光,只剩下小的,最后就不想吃了。只有全部吃完,一点儿都不浪费,我才能心安理得。我就是这样节俭的人。

13日

天气变冷了,我把炉子拿了出来。我会把油桶灌得满满的。虽然油桶提起来有点重,但是我觉得这也是一种运动,所以不会觉得辛苦。

仔细灌满油桶，
迎接一个暖冬

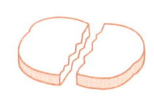

16 日

　　直江给我送来了一小锅咖喱。我好久没有吃咖喱了，咖喱味道很好。吃完以后，身体也变得暖和起来。

唐马是新年必不可少的料理

20日

虽然新年还早，但是我已经做了"唐马"。从我小时候开始，它就是必不可少的新年料理。咦，没有听说过吗？做法是把牛蒡和沙丁鱼干放在一起炒，甜辣口味。其实就是金平牛蒡。因为加了辣椒，所以辣辣的，很好吃。沙丁鱼干用手撕成小块。这道菜营养丰富，我很爱吃。过去，我还会在自己家里种牛蒡。和土豆一样，块头小的很容易被剩到最后。因为不舍得扔，到了年末，我就会做很多唐马，把牛蒡都用光。

你夸我厨艺好？不过我很少做新潮的菜式。年轻的时候，我会把报纸、杂志上刊登的菜谱剪下来贴在笔记本上。光是黑豆的做法就有很多。

快到中午的时候，直江送来了蛋糕。她说是朋友帮忙烤的，她只负责最后用奶油装饰。因为做得太漂亮了，我都不舍得吃。我想拿到好友俱乐部和大家一起分享，我很想尝一下奶油的味道。

侄女直江送来的漂亮蛋糕

浮囊鸢一把

不生锈的锄头

我收到了许多报纸读者的来信。
到了这个年纪，还能有机会和
这么多人交流，我是何等幸运啊。

哲代奶奶答读者问

CHAPTER 2 TWO

《中国新闻》报连载了哲代奶奶的生活记录以后，收到了许多读者的提问。在本章中，哲代奶奶将亲自回答这些问题，并和大家分享儿时的记忆。

请用一个汉字概括您对 2022 年的期待。

要用毛笔写下来吗？哇，我有点不好意思呢。

我想写"笑"这个字。前年、去年和今年春天，我都有几个星期的时间在住院，我希望 2022 年我可以健健康康的。我想和大家和睦相处，充满欢笑。这是我唯一的愿望。

我很久没练字了。还是用这么好的笔写，毛尖整齐。我小时候用的笔叫作"牛蒡笔"，用旧了，笔尖都已经磨圆，我就带着这样的笔去上学。用这样的笔怎么可能把字练好呢。我把这当作借口。嘿嘿，不过，我还是很喜欢写字。

今年我还要寄贺年卡。每年我都要寄，意思是告诉大家："我还活着。"

我的愿望:
"希望今年也能和大家一起欢笑。"

有没有什么令您印象深刻的书?

讲谈社曾经出版过一本杂志,叫作《幼年俱乐部》。我上小学的时候,每个月都会买。我的笔、笔袋都是用旧的,唯独在买书这件事上,父亲从不省钱。那时候一本杂志卖4毛5分钱。父亲会给我5毛,找回来的5分钱就是我的零花钱。我会用报纸包着,攒起来当作零花钱。

我还有一个比我大9岁的哥哥,每次从寄宿的地方回来,都会给我买书。我总是非常期待。因为沉迷于读书,忘记了帮家里干活儿,经常被父亲责备。但是我还是会偷着读。有了书,我就觉得自己仿佛长大了。也许是这个原因,我喜欢上了读书。在那之后,我还读了许多历史小说,比如吉川英治的《宫本武藏》。

家里书架上摆着各个领域的书，
有吉川英治的历史小说，
和与教育相关的书、佛教书等

"爱"这个词，您会想到什么？

我首先会想到父母，然后是丈夫。因为我们家很穷，所以我从小就要帮家里干活儿，但是我一点儿也不觉得辛苦。我父亲叫金刚平，母亲叫知佳。我现在仍然能够记起他们的模样。

他们应该不会想到，他们的照片竟然会出现在书里。

他们拼命地工作，把我养大。童年被父母爱着的时间是无法被替代的。

父亲
金刚平先生

母亲
知佳女士

哲代奶奶的名字是怎么来的？

我本来的姓氏是小川。这个姓氏的笔画数是6画。在我老家那边，有一个迷信的说法：名字的笔画数要比姓氏少，人生才能幸福。父亲因此很烦恼，因为要取一个少于6画的名字是很难的。不过，据说，10画也可以当作零画来计算，于是就给我取了10画的"哲"字和5画的"代"字。

我们家加上我，一共是兄妹4人。哥哥叫刚民，弟弟叫悟示，妹妹叫桃代。每个人名字的第一个汉字都是10画[1]。

哲代这个名字给人以强悍的印象。有时候别人会在书信里把我的名字写错，写成"铁代"，看上去就更加强悍了。但是，我的父亲说这个名字很好，父亲的话一定不会错的。这个名字跟了我101年，现在我很喜欢这个名字。

---

1 "刚"字的日文汉字"剛"为10画。

现在想见的人是谁?

我想和喜剧组合"Ungirls"的成员田中卓志[1]聊聊。我当上小学老师以后,任教的第一所学校是上下町(现府中市上下町)的吉野寻常高等小学。据说田中卓志的老家就在这个小学的学区,所以觉得很亲切。我们虽说是老乡,但我不知道他搞笑的水平如何。

我经常在电视上看到他。那个节目叫什么名字来着?原来是叫《元就。》[2],田中卓志会去各种地方。每次在电视上看到他,我都很想为他加油。

---

1 田中卓志,1976年出生于广岛县府中市(原上下町),2000年与搭档结成喜剧组合"Ungirls",以夸张肢体表演和反差萌风格走红。
2《元就。》是自2010年起在RCC电视台每周日播出的地方综艺节目,结合历史探秘与轻松搞笑,突出广岛本地文化,田中卓志在其中出演。

喜欢什么颜色呢?

我喜欢紫色。小时候，我跑得很快，小学赛跑我一直是第一名。当时举办过一场校际运动会，周边五六所小学的运动员都来参赛。我所在的上下町寻常高等小学的代表队颜色是紫色。参加接力赛的运动员都缠着紫色头巾，我

围裙、毛巾、坐垫
都会选择紫色，
为生活增添色彩

觉得很自豪，非常高兴。

我总是跑第一棒或最后一棒。我不太擅长学习，但是跑步不会输给任何人。

每天有什么期待的事吗？

我最期待的就是吃饭。在这样寒冷刺骨的季节，很适合喝汤。今天早上我煮了年糕汤，放了许多萝卜和3块年糕。3块多吗？如果我真想吃，吃6块也没有问题。虽然已经过了100岁，肚子该饿的时候还是会饿。虽然我很喜欢吃年糕，不过我也会注意不要吃撑。

我在60多岁就装了假牙，所以我什么都能吃，到目前为止还没有感到异样。假牙的质量很好，我戴着也很合适。

年糕是我最爱的食物之一，
　　　有时候午饭也吃

我是一名女高中生，是哲代奶奶的粉丝。
如果您现在17岁，您想做什么呢？

　　什么，还有17岁的年轻人提的问题？哇哦，我好开心。让我想一想啊，我17岁的时候在读师范学校二年级。我来自农村，住进学校的宿舍，周围一个认识的人都没有。为了实现当老师的目标，我拼尽了全力。特别是风琴，我练习得非常刻苦。在那之前，并没有人教我拉风琴，我只是照猫画虎罢了。

　　每周都有"检阅"（测试），要在同学们面前演奏。学校里有几十台风琴，但是练习的顺序和时间有规定。因为我想尽量多练，所以一看到有空闲的风琴，我就一个人特训。那时，练习的效果是很显著的，多一分练习就多一分进步。而每一次进步，都令我越来越自信。

　　如果能回到17岁，我还想认真地练习风琴。虽然当时觉得很辛苦，但是现在回过头来看，我觉得那是一段快乐的时光。

现在，我会弹弥生家里的电子琴。今天就弹《化为千风》或者《昂首向前走》吧。

您有喜欢的歌手吗？喜欢听什么类型的歌？

我喜欢东海林太郎。你听说过《赤城摇篮曲》吗？东海林太郎唱歌的时候不会左摇右晃，而是保持立正的姿势。我喜欢他这种认真的态度。

我的弟弟从小就因为有一副好嗓子而出名，他经常在各地的音乐会上登台独唱。我呢？我也唱，只不过是把原野当舞台。放学回家后，我就背着比我小 7 岁的妹妹，一边照看她，一边唱歌。我也会在上学、放学的路上唱学过的歌。

长大以后我就不怎么唱歌了，嘿嘿。什么类型的歌我都喜欢。我还曾经作词作曲，把我居住的美之乡町中野地

弹着电子琴，音符幸福了时光

区的魅力写进歌里,歌的名字叫作《中野之歌》。这首歌曾经是好友俱乐部的合唱曲目。歌真好听,它可以让心灵变得坚强,让不开心的事烟消云散。

您喜欢哪个季节?

每个季节我都喜欢。无论是严寒还是酷暑,每个季节都有它自己的特点。有的时候,天气刚刚回暖,却又飘起了雪花,我就会想,这是冬天在说:"我还不想走。"这样一想,就会觉得冬天也很可爱。就这样四季轮转,每到春天,我就会想,这样的春天我还能享受几回呢?我有点像诗人吗?真有趣。人的心有七情变化,我的心也在不断地变化。

想去什么地方？

　　有时候，我会想去看看母校上下町寻常高等小学的银杏树。那棵树在今天的上下北小学，树龄比我的年龄还大。它的树干很粗壮，至今仍伫立在校门口附近。

　　当时人们叫它"白果树"。五年级当上跑步运动员以后，我总是很期待放学后的训练。我们在白果树下集合，做准备运动，或者在树荫下听老师讲话。无论有什么事情，老师都会说："在白果树下集合。"那棵树是学校的标志。看到它，我就会想起小时候无忧无虑的时光，每天都享受着单纯的快乐。如今，街巷的景色和学校的建筑都变了，唯独那棵白果树一直在那里，未曾改变。

上下北小学的
银杏树

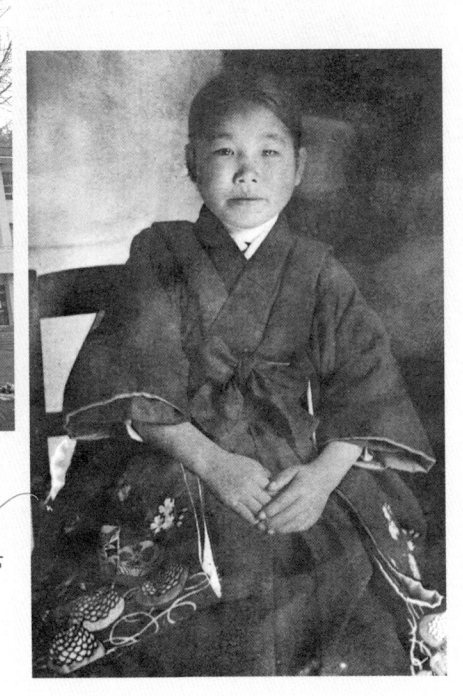

9岁时的照片

哲代奶奶一天是怎样度过的？

6：30

基本上每天都在这个时间起床，先用冷的井水洗脸，然后对着佛像双手合十。准备早饭，煮 2 合米，做味噌汤。每两天煮一次米饭。平均一天吃 1 合米，这点米我一口气就能吃光。

7：30

吃早饭。吃饭的时候会看 NHK 的新闻和晨间连续剧。然后，拿着放大镜把报纸一字不落地读完。接着洗碗，洗衣服，做家务。

10：00 左右

到菜园"上班"。

正午

吃午饭。煎蛋卷、调味海苔、煮海带,利用现成的食材,简单地吃一点儿。

下午

睡一个午觉,或者重读报纸。然后再一次去菜园。路过的人经常会找我说话,我很开心。很多时候,光顾着聊天,什么都没做天就黑了。

晚上 7：00

吃晚饭。有时候吃外卖的便当,有时候吃侄女直江或者邻居给我送来的饭菜。因为每周有两次去日间服务养老院洗澡,所以在家的时候只洗脚。然后写日记,拜一拜佛龛,晚上 10 点钟睡觉。我的睡眠很好,可以一觉睡到早上,中间一次也不会醒。

午饭通常简单吃一点

哲代奶奶有什么健康秘诀？

大脑如果不用就会生锈，所以我总是把词典放在身边。读书看报的时候，遇到不认识的字词，我就会马上查词典，一定要搞懂才舒服。有时候我不禁想，和当老师的时候相比，现在的我学习更努力。我还让侄女帮我买算数习题集，做里面的计算题，我基本上都能得100分。

健脑也需要有乐趣，否则就无法坚持。最近，我迷上了一个游戏叫作"写汉字"，根据相同的读音写汉字。例如，"カキ"可以写作"柿""牡蛎""夏季"……可以和同一个地区的玩家比赛谁写得更多。一说要比赛，就有了激情。我可是不会输的。

读报时总会一字不落地读完

生气的时候怎么办?

绝对不要在情绪不稳定的时候还嘴,否则,还嘴的当下是痛快了,事后肯定会后悔。我的母亲常对我说:"要咽三次唾沫。"是的,稍微停顿一下。这样心情就会平复下来,从而能够冷静地看待对方:"他其实并不是坏人。到了这样的年纪,已经很难改变了。"

在人生的最后想吃什么?

这个问题好难回答。嗯,吃什么我都很开心。如果非要选一样的话,那就"什锦寿司"吧。我原本就喜欢吃醋。也许是出于这个原因,我的身体比较柔软。什锦寿司颜色鲜艳,有鸡蛋的黄色、鱼松的粉色,令人赏心悦目。小时候,每次庆祝什么事情,母亲就会做什锦寿司。它可以让我想起儿时的幸福。

临终笔记上写了些什么?

因为我没有孩子，为了不给侄女们添麻烦，我从80多岁起就开始慢慢地写临终笔记了。我把想到的事随手写在笔记本上，因为写得比较分散，我自己都搞不清楚了。一定要整理一下。

总之，就是把一些细小的事情提前决定下来。比如，葬礼要在自己家里办，奠仪回礼的礼品，临终要穿的和服，我都写得清清楚楚。对了，我连葬礼上丧主的发言都想好了。这样，帮我料理后事的人就不会感到不知所措。都写下来，就不必担心了。我的心情也畅快多了。

↙ 临终笔记上写满了
在意的生活细节

不生锈的锄头

小小的锄头，
也能开出大片的菜园

102岁 我有我自己的精彩

102岁的哲代奶奶分享了"优雅老去的诀窍"和"活出自我的5句箴言"

3 CHAPTER THREE

2022 年 2 月

少吃一点，轻快一点，
心情也跟着亮堂了

看到我在 1 月第一次写毛笔字时拍的照片，大家都说我胖了，脸也肿了，非常担心。我难道真的变得与往常不同了吗？其实有段时间以来，我就觉得自己的腿好像在肿胀。

正好去医院（尾道市御调公立综合医院）定期体检，于是就请医生检查了一下。医生给我开了一些药，又在家观察了一段时间，由于走在家门前的坡道上感觉有点喘不上气来，医生说这会对心脏造成负担。因为我出门看医生太麻烦了，所以就决定住院了。

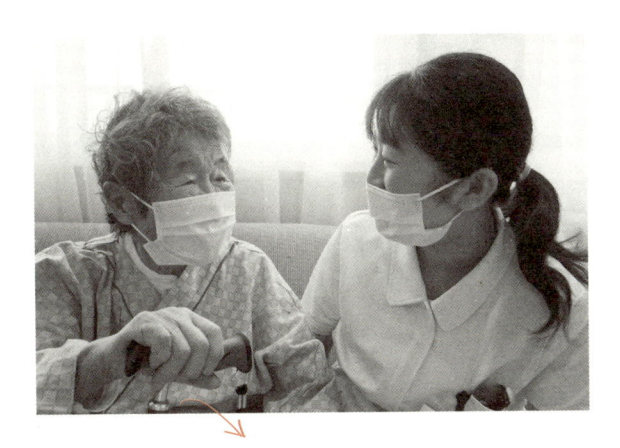

和护士谈笑风生

医生说,这些症状是由于体重增加导致的,都是因为我年末和新年期间吃了太多美食。

吃完饭后,我接着吃萩饼[1],又吃奶油泡芙。食欲一点儿也没减退呢。可是,因为天气寒冷,我就有点懒得去菜园干活儿或者除草,所以一个月胖了4公斤。

住院期间没有吃零食,努力减肥,体重也恢复了。很高兴能早日康复。出院后,我在弥生家暂住了一段时间,等待春天的到来。

---

1 又称牡丹饼,日本的一种和果子,招待客人时常用的甜点。

2022 年 3 月

有人在意你,
就是一种很暖的春天

我是闲不住的性格

　　出院后的一个月里,我住在弥生家,她照顾我的生活。我躺在柔软的被褥里,享受着美味的饭菜。我不喜欢闲着,所以偶尔会用吸尘器吸地,或者帮忙准备晚餐。天气好的时候,我也会去菜园除草。

　　另外,每天我都会专注地弹两个小时电子琴。你听过 *Jupiter*(平原绫香的出道歌曲)这首歌吗?弥生家里有乐谱,我试着弹了一下,发现这是一首非常动听的曲子。为了能够演奏得更完美,我进行了大量的练习。我甚至想让乌克兰的人也来欣赏。太平洋战争时期,我住在上下町,曾亲眼看见了福山空袭。一看到电视上播放乌克兰的画面,我就会感到害怕,不敢看下去。如今在这个时代还会发生战争,真是太令人寒心了。

下个月我就要102岁了,在这个年纪还能独居的人恐怕不多吧。在旁人看来,也许这像是一次冒险或挑战。但是,因为得到了大家的帮助和支持,我感到很安心。如果我真的一个人孤独无助的话,我会感到很沮丧,但是侄女们总是关心着我。这种安心感成为我的动力。

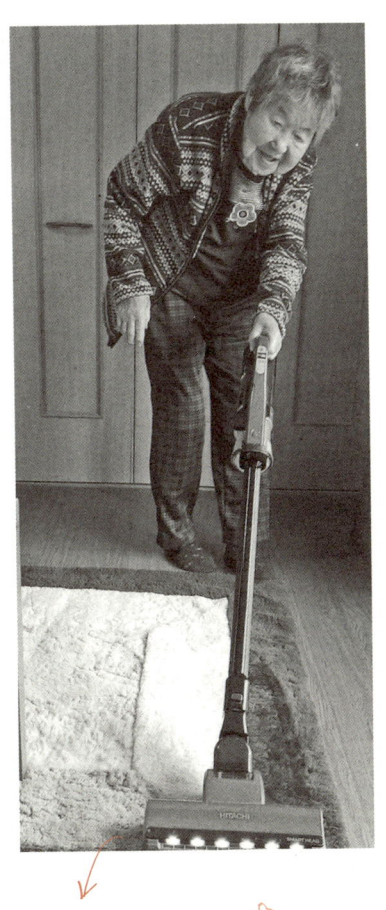

用吸尘器吸地,也是在运动

帮忙剥鸡蛋壳，准备放关东煮里
"我不擅长这种需要耐心的事情呢"

家和菜园，我回来了

离开弥生家，我回到了自己的家。我觉得家和菜园都在等待着我。在我离家的这段时间里，金丸老师替我照看家里和菜园，让我宽心不少。我家经常有老鼠出没，金丸老师帮我设置了捕鼠器，结果捉到了两只。

猴子来菜园里捣乱，几乎把洋葱都拔光了。

我也曾经在家门前看到过猴子。它把大豆挟在腋下，大摇大摆地走着。甚至它注意到我，也不惊慌，反倒是我被它吓了一跳，只是呆呆地站在原地看着它。

春天到了，菜园里的小葱已经长出来了。我采摘了一些，放进午餐的味噌汤里。3月里我还和金丸老师一起种土豆。真是忙碌啊。

离家时，我觉得菜园在等待着我

超市购物
总是很愉快

去购物

因为冰箱里空空如也,我和弥生一起去了附近的超市。除了每天做味噌汤所需的豆腐,我还会看看货架,凭直觉购买看起来好吃的东西。这次买了鱼干、鲫鱼刺身、牛肉、豆沙樱花面包。我还买了粉色的点心,粉色有春天的气息,这是给良英上供用的。住院以来,离开家近 2 个月,如今能安全地回到家中,也多亏了良英保佑。在良英和侄女们及邻居们的关照下,我打算在这里慢慢地继续我的生活。

电视采访

哇哦，RCC电视台的人（节目制作人山本和宏先生，他制作了《现在直播》这个节目）来进行了拍摄，听说要在电视上播放这样一个老太太的画面。虽然被告知只要像平常一样就可以，但到底该说些什么呢？不过，能够这样与年轻人见面，并进行各种交谈，真是令人开心啊。这都

RCC电视台《现在直播》节目制作方来采访

归功于我活到了 101 岁。大家都对我很好,我度过了美好的人生。哎呀,不该说过去式"度过了"。我正在过着美好的人生,是现在进行时。

可靠的护理管理师

护理管理师屋敷幸代女士来看我了,她说我需要的护理等级为 1 级。她告诉我 1 级护理提供各种各样的服务,可以让我安心地继续独自生活。她还告诉我,附近有一些新的设施(小型多功能家庭护理设施),提供日间服务,也会上门服务,有时还可以住宿。我们决定下次一起去参观。这真是一个美好的时代啊。

和护理管理师屋敷幸代女士的合影

2022 年 4 月

顺着年龄活,心才不会拧巴

我已经 102 岁了

今年,我又和好友俱乐部的成员们一起去赏花了。我是在 50 多岁的时候加入好友俱乐部的。虽然我觉得自己和那时候比没什么变化,但在今年 4 月 29 日,我已经 102 岁了。我希望自己能做的事情尽可能地坚持自己做,不给别人添麻烦。

前不久,我躺在被窝里突然想,能活这么长时间真是感激不尽,然后就这么入睡了。如果有人告诉我可以重回 20 岁,我也不想回去。也许有人觉得年轻才有价值,但我觉得能顺应自己的年龄轻松生活才更好。

在有限的日子里，
做无限的小快乐

每天我都忙碌着，安排应该做的事情，然后一件一件地完成。我以这样的方式鼓励自己，并把它当作健康的晴雨表。

最近，取放冬天的被子时，我感觉有些吃力了。我以前总是想着"只要还能做到这一点就没问题"，但是随着年龄的增长，我的身体确实老化了。所以我决定不再把被子放进柜子里，只是将它们叠好放在一边，这样也不错。毕竟不能勉强自己，以免受伤。

不过，我还是能每天煮味噌汤。每天早上醒来，准备好味噌汤的时候，我内心感到非常满足。自己做的东西总是好吃得令人感动。我不会去追求我无法做到的事情，也不会耿耿于怀。我会珍惜能做到的事情，鼓励自己，相信自己还有很多事情能做到。

好像是从 80 岁以后，我开始懂得了不去纠缠那些无法改变的事情。我变得更容易放下。就算别人说坏话，我也会觉得他们是可怜之人，也会容忍那些夸夸其谈的人。我会抑制自己羡慕别人的心情，而是去赞美他们。别人是别人，我是我，每个人都是不同的，这很正常。我觉得只要能健康地活着就已经极好了。

不装腔作势，接受自己原本的样子。不在别人面前夸大自己。烦恼和嫉妒等消极情绪只会令人心累，最好放下。而那些开心的事、快乐的事，要尽情享受。 做好情绪的加法和减法，这是我唯一能做的事。想要保持健康，首先要调整好心态，心态可以带动身体。我认为不让自己心累非常重要。

活着的时候，一定要享受生活。我会捕捉每一个令我感到喜悦的瞬间，夸张地将其付诸语言："啊，肚子饿了"或者"啊，这顿饭真好吃"。这样做，一天一眨眼就过去了。

落下的樱花花瓣很好看

愉悦的
外出时光

2022 年 6 月

不照别人的剧本走，
我有我自己的精彩

近来，我总算找到了一些让自己保持好心情的方法。其实年轻的时候，我的生活充满了烦恼和挣扎。那时我还是一个棱角分明的人。如今经历人生的种种，我学会了与各种情绪和解，棱角磨平了，人也逐渐变得平和了。接下来我想回顾一下活出自我的重要原则。

哲代奶奶活出自我的 5 句箴言

1. 喜欢自己的全部。
2. 保持自己的节奏。
3. 重视独处的时间。
4. 口头禅是"极好，极好"。
5. 珍惜平凡的事物。

虽然我总是笑嘻嘻的，看起来好像没有烦恼，但年轻的时候，我也受过很多苦。26岁时，我和良英结婚，进了石井家，没有怀上孩子是我最大的痛苦。公公是个像古代武士一样传统的人，在美之乡町还是美之乡村的时候，他曾当

> 不要对做不到的事情耿耿于怀。珍惜自己还能做到事情，多表扬一下自己吧。

不放过
任何一株杂草

过村长。石井家世世代代都是农民，而且在那个年代，多子多孙是理所当然的。我内心觉得，如果没有孩子，我就没有资格留在这个家里。

虽然不确定"被人嘲笑"这个词是否合适，但无论如何我都不想让人在背地里说"那家没有孩子"这样的坏话，可能是我不服输吧。无论是当教师，还是在家做饭、田间劳作，我都全力以赴。从学校一回到家我就匆匆忙忙地去田里干活儿。**我总是忙碌地度过每一天，只想着努力工作，以免有闲暇胡思乱想。**

但是，因为有教师的工作，我得到了很大的救赎。如果只有媳妇这一个身份的话，我可能就不在这个家里了。在学校里，我能尽情地疼爱孩子们，做我自己。我也和孩子们的家长建立了友谊。正是因为有了自己生存的空间，所以在家里我也能踏实做事。

良英先生工作认真负责，很受大家的爱戴。他为人豪爽，每晚都会带人回来喝酒。他的工资都花在应酬和喝酒

其实我很容易害羞

上了。因此，我也不得不去挣钱，哈哈。

在这层意义上，有工作也让我有了存在的意义，守护了我的心灵。

回首往事，我也会心疼自己。照顾公婆直到他们离世，我也从教师岗位上退休以后，才觉得肩上的重担终于放了下来。在那之前，我总是仿佛披着铠甲，不让自己松懈。

但我觉得那并不是徒劳无功的。**经历那些痛苦和伤心，我才成为今天的自己。我并不讨厌那个曾经充满挣扎的过去的自己，那也是真实的我。我想要认可自己，对自己说："喜欢自己的全部。"**

对了，良英去世之前对我说："不必为孩子的事烦恼。"我一直以为这件事只有我一个人痛苦，但他可能也在与我共同分担。多亏了他最后的这句话，我才能够调整心态。正因为有过痛苦的时候，现在卸下负担，生活才如此轻松愉快。我必须夸奖自己。

现在我已经不能像年轻时那样行动自如。无论是去菜园劳作还是准备饭菜，中间我都会休息一会儿，慢慢地调整自己的状态。昨天，我吃过午饭后，本想去菜园，但直

> 最重要的是
> 保持自己的节奏

和自己好好相处，
是一生的功课

到天色已晚才动身。虽然我只是坐在厨房的椅子上，并没有做什么事情，但我会保持自己的节奏，听从自己内心的感受。

我喜欢和邻居聊天，也喜欢参加好友俱乐部热闹的聚会，但独处的时间也是必要的。看书、读报，剩下的时间多半在发呆，也可以说是为了给自己充电。这段时间是必不可少的，它给了我力量，让我可以按照自己的节奏活动。

凡事往好处想，能让心情愉悦起来。当我102岁时，发现不能像过去那样做的事情越来越多，但我还能做一些事情，我为此非常高兴。**哪怕结果不尽如人意，我也会说"这样就极好，极好"。**

邻居经常来串门，他们看到我健康会开心地笑，还能陪我去菜园。虽然每天都很平凡，但每一天对我来说都是极好的。

当我看到孩子从学校回来时，我总是会喊一声"你回来了啊"。想到他们今天去学校学习了一天，我就觉得很可爱。我会不由自主地被这些平凡的场景吸引。

年龄增长后，我也会不由自主地想，自己还能活多久。毕竟生命是有限的。也许是出于这个原因，我觉得每一刻都很珍贵。

人生有尽时，
分秒皆贵重

吃得香，笑得多，日子就长长的

哲代奶奶分享了她经常做的几道菜，每一道都非常美味，而且能让人健康长寿。你也来做做看吧。

濑户内小鱼干炒土豆丝

将鱼干切成易于食用的小块（包括头部），将土豆和胡萝卜切成丝。在锅中倒入一大勺芝麻油烧热，加入少许盐煸香，然后用中强火炒熟鱼干和土豆。当土豆丝变得半透明时，加入胡萝卜丝。炒匀后，加入糖和酱油。我家常备着濑户内产的大块鱼干。

还有一道菜我也很推荐，白菜和鱼干一起煮，食材变软后用酱油调味，吃的时候淋一圈醋。鱼干和醋都对身体有益。味道有点像八宝菜，有多少我都能吃得下。

非常美味

土豆丝需炒至半透明

什锦寿司

煮2合米。把莲藕、胡萝卜、香菇这些配菜切成小块放入锅中，加入料酒、味淋一起煮。

将调味醋（白醋80毫升，砂糖2大匙，盐1小匙）放在火上加热，待砂糖和盐溶化后，与煮好的米饭和配菜一起拌匀。撒上鸡蛋丝（加少许糖以增加甜味）、樱花鱼松粉和切碎的紫苏叶，即可享用。醋是否放得太多？醋饭是会有点软，但对我来说这样刚刚好。

煮鲽鱼

在锅里依次淋入等量的料酒、酱油和味淋，加入少量水后，放入切成块的鲽鱼，然后用中火加热。煮沸后，放入切得稍粗的姜丝。

以前，鱼贩会从邻近的三原过来这边，所以我经常做鱼。除了鲽鱼，眼张鱼等也很美味。

什锦寿司

煮鲽鱼

必不可少的味噌汤

将6条小鱼干切成小块,放入锅中,加一勺水(约600毫升)用中火加热。沸腾后,加入胡萝卜和白菜。当蔬菜变软后,加入溶化的味噌。鱼干不仅可以吸收汤汁,而且可以直接作为食材食用,它含有丰富的钙质。最后,撒上切碎的葱花。蔬菜就放当季菜园里种的。

我也喜欢打一个鸡蛋进去,煮至半熟享用。

牛肉火锅

用芝麻油中火炒牛肉丝,然后加入糖、酱油、味淋和料酒调味。接着依次加入斜切成片的牛蒡和切成一口大小的白菜,快速煮开。我喜欢白菜保留脆嫩的口感。加入姜丝一起食用,口感清爽,吃多少都不嫌多。

味噌汤

牛肉火锅

腌黄瓜

将黄瓜切成薄片，撒上盐，静置5分钟。等到黄瓜出水后，用力揉搓，最后用力挤出水分。加入糖和醋拌匀，就可以食用了。糖可以稍微多放一点。我特别喜欢醋，把醋瓶放在餐桌上。无论是炒菜还是烤鱼，当剩下约一半时，就会淋上一圈醋，这样就可以吃到不同的口味。你也可以根据个人口味添加紫苏叶或芝麻。

我常常把报纸上的美食专栏剪下来，夹在食谱笔记里

爽脆的口感很适合夏天

2023年的願望是
"平安无事"

后 记
AFTERWORD

百岁奶奶，不只是长寿，更是活得漂亮

这本书是将中国新闻社报道石井哲代奶奶生活的一系列连载文章加以修订而成的。我们如实地描写了这位百岁高龄的独居奶奶的日常生活，并收集了她不经意间流露出的言语。采访由两位五十多岁的记者负责，他们多次拜访哲代奶奶，全神贯注地倾听她的故事。每次采访结束后，我们都迫不及待地想要将她的经历传达给读者。但我想，最受到鼓舞的可能是我们自己吧。

哲代奶奶是全身心投入生活的人。不管做什么事情，她都会全方位地调动小小的身体，竭尽全力。她咬紧牙关拔萝卜，一脸陶醉地弹奏风琴，聚精会神地倾听别人说话；接受邻居的美食时，她做出擦口水的样子，表达自己的喜悦之情……

接受采访时也是全力以赴。比如,当我们拿着相机对着她说"请笑一个!"时,她会自发地做出有趣的动作,尽管我并没有要求。当告诉她我们要录音采访时,她的声音会突然变得客气起来。她留心观察我们的一举一动,积极配合我们。她对待面前的每个人都怀着珍视的心情,这总是让我感动不已。

随着采访进行到第3年,我逐渐明白了哲代奶奶全力以赴地投入每件事的原因。虽然她自己可能并没有意识到,但我觉得有3个重要的原因。

第一个原因是,她的日常行为是自己身体和精力的指示器。哲代奶奶希望尽可能地在家里生活得更久一些。当超过100岁时,她不得不面对进入养老院的选择。尽管如此,她还是会鼓励自己说:"我是这个家的主人。"她会尽可能长时间地保护这个没有继承人的家,用爱心来守护它。她会活动自己的身体,确保自己的身心健康。**每一天,她都珍惜着自己的独居生活。她不能偷懒,每一刻都是认真地对待。**"即使我倒下了,也是到了那个时候了。在那之前,我要尽最大的努力生活下去。"她笑着，若无其事地说出坚定的决心。

第二个原因是，她希望主动地、自由地享受生活的乐趣。人到了老年就往往会变得被动，认为一切都应该由别人为自己准备好，觉得这是理所当然的。我不禁想问，这到底是谁的人生？此外，她对同龄人有时候会有点苛刻。

接下来做什么、吃什么好呢？这些都应该自己思考、决定，然后采取行动。自己无法做到的事情，她擅长向他人寻求帮助，也会充分利用护理服务。她追求的不是"自立"，而是"自律"的生活。**她的座右铭是"既然活着，就要全力以赴地享受生活，否则就是浪费生命"。**

她全力以赴生活的第三个原因是，为了鼓励自己。哲代奶奶平时都是活泼可爱、充满朝气的。但是，她偶尔也会流露出一些情绪。没有孩子的寂寞，一个人吃晚餐的孤独，甚至在雨天会难过得流泪。她称这种情绪为"软弱的虫子"。

"一个人静静地坐着不说话时，脑海里只会想到消极的事情。"所以哲代奶奶会尽量不让自己闲下来，无论是心灵，还是身体。她发现自己会为一些微小的事情而欣喜若狂，大笑以鼓励自己。只有这样，"软弱的虫子"才不会出来捣乱。

我们在第一期连载文章的开头写道："我们发现了百岁人生时代的模范。"在当今社会，长寿已被视为一种"风险"。虽然并非没有望而却步，但我们也想果敢地享受人生后半程的乐趣。这都是因为与哲代奶奶的相遇。

采访结束后，我们走向坡道，哲代奶奶一直挥手道别。车掉头后，再次经过她家门口，她还在挥手。"路上小心哦！"她大喊似的说道。她的声音那么大，底气十足，令人安心。我们希望她能一直保持健康，几乎忍不住要流下眼泪。为了不输给她，我们也高声喊道："我们下次再来看您！"

中国新闻社 木之元阳子 铃中直美

哲代奶奶2023年的愿望

2023年到了。到了春天,我就103岁了。今年我的状态也非常好。

今年你想过怎样的生活?我没有太大的奢望。"平安无事"是最重要的。我想在平淡无奇的日常生活中发现喜悦。

考虑到我剩下的时间,每个瞬间都显得格外珍贵。所以,我会努力的,为了在人生的最后可以这样想:"啊,我活过。我的人生是幸福的。"

希望大家也都能够平安无事地生活。希望世界和平,不再有战争。希望每个国家的儿童都能无忧无虑地生活。这是我发自内心的愿望。